Floriana Petersen

111 Orte
in San Francisco,
die man gesehen
haben muss

Mit Fotografien von Steve Werney

emons:

Für dieses Buch haben uns viele Menschen San Franciscos
ihre Stadt-Geheimnisse anvertraut. Unser besonderer Dank
jedoch gilt Barbara Roether und Mark MacNamara, die
nicht nur Vorschläge gemacht, sondern auch Wesentliches
zu Geschichte und Hintergründen beigesteuert und mich
literarisch inspiriert haben.

Bibliografische Information der Deutschen Nationalbibliothek
Die Deutsche Nationalbibliothek verzeichnet diese Publikation
in der Deutschen Nationalbibliografie; detaillierte bibliografische
Daten sind im Internet über http://dnb.d-nb.de abrufbar.

© Emons Verlag GmbH
Alle Rechte vorbehalten
© der Fotografien: Steve Werney, außer
Kapitel 10 (Der Battery), Melissa Kaseman
© Covermotiv: Istockphoto.com©soberve
Deutsche Fassung: Monika Elisa Schurr
Layout: Eva Kraskes, nach einem Konzept
von Lübbeke | Naumann | Thoben
Kartografie: altancicek.design, www.altancicek.de
Kartenbasisinformationen aus Openstreetmap,
© OpenStreetMap-Mitwirkende, ODbL
Druck und Bindung: B.O.S.S Medien GmbH, Goch
Printed in Germany 2015
ISBN 978-3-95451-750-3

Unser Newsletter informiert Sie
regelmäßig über Neues von emons:
Kostenlos bestellen unter
www.emons-verlag.de

Vorwort

In all den Jahren, die ich nun in San Francisco lebe, habe ich nie aufgehört, über versteckte Treppen, überraschende Aussichten und unerhörte Geschichten zu staunen, die mir jeder Winkel entgegenraunte. Während man das sanft gehügelte Land um die Bucht erwandert und erfährt, drängen charmante Details nur so an Auge und Ohr – wie etwa der Schnörkel eines viktorianischen Hauses, der wuchernde Jasmingarten in einer verborgenen Gasse oder fröhliche Salsa-Rhythmen aus einem offenen Fenster.

Für eine Stadt, die nur sieben Meilen im Quadrat misst, ist die Vielfalt überwältigend: Von Musikern, Künstlern und Hippies bis zu Businesstypen und Hipstern spiegelt die Bevölkerung jede erdenkliche menschliche Form, Farbe und Fähigkeit wider. Nicht nur die Menschen jedoch haben diese Viertel geprägt, sondern auch das Land selbst mit seinen 14 Hügeln, die in den Gezeiten steigen und wieder sinken.

Hier hat von Telegraph bis Potrero Hill jede Erhebung und von Noe bis Hayes Valley jedes Tal sein eigene Architektur. Sogar sein eigenes Wetter! Besucher verstehen oft nur schwer, warum der sonnige Himmel von Mission District sich schon bei Twin Peaks in eisigen Nebel verwandelt.

In vielerlei Hinsicht sind Extreme die DNA der Stadt; dies wird umso deutlicher, je tiefer Sie in ihre Vergangenheit eintauchen. Während der Ära des Goldrauschs etwa stieg die Bevölkerungszahl von rund 1.000 im Jahr 1848 auf 300.000 anno 1855. Jahrzehntelang ist dies der einzige Vorposten echter Zivilisation westlich der Rockies gewesen.

Jüngst hat der vom Silicon Valley ausgehende Boom die Bay Area in einen Tummelplatz für junge Millionäre verwandelt; Wohlstand und Armut wechseln sich hier genauso schnell ab wie die Wetterphänomene. Die Landschaft jedoch – die in den Pazifik ragenden Landzungen, die Strände, die Bucht mit ihren unzähligen Inseln, der Strom von Nebelschwaden, der über die Golden Gate Bridge zieht – bleibt so stoisch wie die Natur selbst.

111 Orte

1 826 Valencia Street

Spray gegen Meerjungfrauen

Dahinter steckt immer ein kreativer Kopf? In San Francisco waren und sind es ganze Legionen. Zu den bemerkenswerten unter ihnen zählt Schriftsteller Dave Eggers, ein Renaissancemensch durch und durch, ein Bono der Worte, dessen biografischen Mega-Bestseller von 2000 – »Ein herzzerreißendes Werk von umwerfender Genialität« – diverse Kultur-Folgen zeitigte. Unter anderem ließ sich sein literarischer Witz auch pädagogisch ummünzen. So etwa lernen heute Kinder nach von seinem Werk inspirierten Methoden lesen und schreiben, während Lehrer sich davon abgucken, wie man Schüler begeistert.

2002 nämlich tat sich Eggers mit Erzieherin und Aktivistin Nínive Calegari zusammen, um ein Lernprogramm für Kinder mit individueller Betreuung zu gründen. In 826 Valencia Street fanden sie die geeignete Nachbarschaft – eigentlich eher eine Shoppingschaft, denn hier gab es damals mehr Antikmöbel (und einen Santería-Laden) als ortsansässige Menschen. Die Idee bestand darin, Eggers' Literaturzeitschrift und den Verlag »McSweeneys« im gleichen Bau unterzubringen und zudem die gesammelte Redaktion abzukommandieren, den Kindern des Viertels nach der Schule Extra-Unterricht zu geben. Hier endlich sollte die Phantasie über dröge Schulweisheit triumphieren – mit dem Abenteuer Schreiben im Fokus. Mittlerweile hat man sogar expandiert; in sieben anderen US-Städten gibt es ähnliche Betreuungsprogramme.

Um ihr Projekt ans Laufen zu bringen, lockten Eggers und Caligari die Kids mit Piratenbedarf im Vorderteil des Gebäudes, wo es praktisch alles gibt, was ein angehender Störtebeker so braucht, von Holzbeinen und Ködern für Meerjungfrauen (oder Abwehr-Sprays) bis hin zu Augenklappen und meterweise Planken. Da ging dann auch so mancher potenzielle Adept ins Netz – bis heute. Welcher kluge Kopf hätte seine Hausaufgaben nicht lieber umgeben von einem Seeräuber-Sammelsurium gemacht als am kahlen Küchentisch?

Adresse 826 Valencia Street, San Francisco, CA, 94110, www.826valencia.org,
Tel. +1 415.642.905 | **ÖPNV** Bus 33, Haltestelle 18th St 6 Valencia St | **Öffnungszeiten**
täglich 12–18 Uhr | **Tipp** Bei Dandelion Chocolate in der 740 Valencia Street können Sie
vorn im Café sitzen und dabei der Schokoladenherstellung in der Fabrik hinten live
zuschauen.

2 Das Alhambra Theater

Moschee meets Hollywood

In den Goldenen 1920ern schossen elegante Filmtempel quer durchs Land wie Pilze aus dem Boden; dabei entstanden Wunder der Architektur, die den Vergleich mit den Phantasmagorien auf den Leinwänden nicht zu scheuen brauchten. Das Alhambra Theater in der Polk Street mit seinem exzessiven orientalischen Design und seinen 1.500 Sitzen gehörte zu den herausragendsten Beispielen. 1926 von Timothy Pflueger entworfen, leuchteten seine »Minarette« einst in sündigem Rot, um dem Publikum den Einlass zu signalisieren.

Nachdem Charlie Chaplin davongeschlurft war und Greta Garbo ihre letzten Worte auf den Silver Screen gehaucht hatte, gingen die Lichter im Saal wieder an und ließen das verträumte Interieur aus Tausendundeiner Nacht magisch erstrahlen: maurische Hufeisenbögen, saphirblaue Sitznischen, eine Kuppel mit Arabesken im Zentrum und filigranes Zierwerk, so weit das Auge reichte.

In den Sechzigern war die Gegend Mittelpunkt der Gay-Bewegung. Der erste offen schwule Unternehmensverband, die Tavern Guild, wurde von Bar-Inhabern der Polk Street gegründet.

Als die Szene in den frühen Siebzigern nach Castro District umzog, erlebte die Straße ihre dürren Jahre. Das Alhambra versuchte zu überleben, indem es sein Auditorium in zwei Säle teilte, und kehrte in den späten Achtzigern noch einmal kurz zum Single Screen zurück, um 1998 die Pforten für immer zu schließen.

Und doch: Dem morgenländischen Märchen war ein Happy End made in Hollywood beschert: Seit 2001 residiert hier Crunch Fitness. Durch aufwendige Restaurierung blieben die meisten Originaldetails erhalten; der einstige Vorführraum dient nun als Yoga-Studio; der Bereich hinter der Leinwand wurde zum Spinning-Raum umgestaltet. Eine zweite Ebene beherbergt Gewichte und Workout-Geräte. Im obersten Rang hat man 13 Originalsitze belassen. Das Beste: Eine Leinwand versorgt die Schwitzfabrik auch heute noch mit Träumen aus Zelluloid.

Adresse 2330 Polk Street, San Francisco, CA, 94109 | **ÖPNV** Bus 19, Haltestelle Polk St & Union St | **Öffnungszeiten** Mo – Fr 5 – 22 Uhr, Sa, So 7 – 20 Uhr | **Tipp** Mit ihren kleinen Läden und entzückenden Cafés lädt die Nordseite der Polk Street noch immer zum Windowshoppen ein.

3 Die Anchor Brewing Company

Geboren und gebraut in San Francisco

Wie die Levi's 501 und das Sauerteigbrot hat auch das Anchor Steam Beer seinen Ursprung in der einstigen, stark improvisierten Stadt der Goldgräber. Während für die Herstellung der meisten Biersorten Eis benötigt wird, um den Hopfen zu kühlen, musste man in San Francisco ohne auskommen. Findige Brauer platzierten die Maische auf Dächern und ließen die kalten Nebel der Bucht den Job erledigen. Der Dampf (»steam«), der von den Fässern aufstieg, gab dem Bier seinen Namen. Zunächst wurde der Gerstensaft der Pioniere in einem Saloon in der Pacific Street gebraut, danach von Ernst F. Baruth und Otto Schinkel.

In den 1890ern erlebte das Westküsten-Bier seine erste Blütezeit, bis ihr gleich drei tragische Ereignisse ein jähes Ende setzten: Erst fiel Baruth tot um, dann zerstörten Brände nach dem Erdbeben von 1906 die Fabrik, und schließlich wurde auch noch Schinkel von einer Straßenbahn überfahren. Die Einführung der Prohibition half da nicht weiter. Zwar konnte die Marke sich halten, in den späten Fünfzigern allerdings drohte eine noch viel größere Gefahr: die Massenherstellung. Bald stand Anchor vor dem Aus.

Eines Abends im Jahr 1965 trank Fritz Maytag in North Beach ein gepflegtes Anchor vom Fass und erfuhr, dass es sein Lieblingsbier bald nicht mehr geben werde. Kurz entschlossen kaufte er die Brauerei, setzte mit deren Rettung eine Revolution in Gang, die bald das ganze Land erfasste, und wurde so zum Vater der modernen Kleinbrauerei.

Am eindrücklichsten überzeugt das Bier jedoch noch immer persönlich: Guided Tours (früh buchen!) folgen dem gesamten Fertigungsprozess, von frischen Hopfengarben über gigantische Messingfässer bis zur Abfüllanlage, vier oder fünf Bierchen inklusive. Die ersten Führungen beginnen um zehn Uhr vormittags. Der Guide erklärt es so: »Wie soll man auch den ganzen Tag trinken, wenn man nicht morgens damit anfängt?«

Adresse 1705 Mariposa Street, San Francisco, CA, 94107, www.anchorbrewing.com, Tel. +1 415.863.8350 | **ÖPNV** Bus 10, Haltestelle 17th St & Wisconsin St; Bus 22, Haltestelle 17th St & De Haro St | **Öffnungszeiten** Führungen durch das Haus; Reservierung erforderlich unter: www.anchorbrewing.com/brewery/tours | **Tipp** Ein herzhaftes Frühstück, das Ihren Magen für die Bier-Tour stählt, serviert man im Plow in 1299 18th Street, geöffnet von 7–2 Uhr.

4 Die Anglerteiche
Paradies der Fliegenfischer

Auf der Westseite des Golden Gate Park stehen zwei seiner charmantesten Anachronismen: zwei Windmühlen, die um die vorletzte Jahrhundertwende gebaut wurden und gut 260.000 Liter Wasser pro Stunde abpumpten, um den auf Sanddünen errichteten Park trockenzulegen. 1913 übernahmen elektrische Pumpen; die Mühlen überließ man dem Verfall.

Zwischen 1981 und 2012 wurden sie schließlich restauriert. Zu finden sind sie in einem eher unbeachteten, wenngleich besonders schönen Teil des Parks, der noch weitere angenehme Überraschungen birgt wie etwa die kleinen Seen und Spazierwege westlich der Polo Fields. Zwischen Lichtungen abseits der Pfade durchs Schilf begegnen Sie hier und da auch einem »heiligen Ort«. Die weithin verehrte Ökofeministin und neuheidnische Aktivistin Starhawk hielt hier Sonnenwendfeiern ab.

In einem nahe gelegenen Eukalyptushain liegen direkt neben dem Clubhaus des »Golden Gate Angling and Casting Club« zwei weniger bekannte Attraktionen des Parks: Anglerteiche. Der internationale Verein wurde 1933 gegründet und brachte einige der größten Stars im Fliegenfischen hervor. Die Teiche selbst gelten als Weltklasse und sind Schauplatz vieler Wettkämpfe. Auch für Nichtmitglieder aller Kenntnisstufen werden das ganze Jahr über Gratiskurse im Flugangeln angeboten.

Im Jahr 2000 brachte Thomas McGuane – einer der großen Sportjournalisten des Landes – einen Essay über die Clubmitglieder zu Papier. In »The Longest Silence: A Life in Fishing« heißt es: »Die Gruppe ist recht heterogen, und obwohl sie sich nicht so exzentrisch ausstaffiert wie die Restbevölkerung San Franciscos, gehört sie den Flanell-Eminenzen der stillen Angler-Mehrheit genauso wenig an. Genauer: Hier herrscht kein Mangel an dicken weißen Socken, ärmellosen Sweatern mit V-Ausschnitt oder Schnürschuhen. Mehr der Typ aus dem Landesinneren.«

Adresse McLaren Angler's Lodge and Fly Casting Pools, 1232 John F. Kennedy Drive, San Francisco, CA, 94121, www.ggacc.org, Tel. +1 650.270.7258 | **ÖPNV** Bus 5, Haltestelle Fulton St & 36th Ave | **Tipp** Rhododendron Island, an JFK Drive und 36th Avenue gelegen, besticht mit 400 Rhododendronarten und -sorten, die einmal im Jahr zwischen Februar und Mai blühen.

5 Die antiken Vibratoren
Freie Liebe unter Strom

»Das Bagdad der Bucht«, wie der langjährige Kolumnist des »Chronicle«, Herb Caen, die Golden City taufte, ist immer ein Vergnügungsort gewesen. Wohlstand, Vielfalt, das Fluidum der Freizügigkeit und die Hinneigung zu Queers und Querköpfen jeglicher Art prädestinierten die Stadt bereits von ihren Anfängen her zu einem Eldorado für Freigeister.

Die hedonistische Grundhaltung flatterte auf deren Fahnen diversen Bewegungen voran, nicht zuletzt jener des »Sex Positive Movement«, über das Sexologin Carol Queen bemerkte: »Hier wird unsere jeweils einzigartige sexuelle Identität gewürdigt, auch wenn wir erkennen müssen, dass viele Menschen in einer Kultur Schaden genommen haben, die sexuelle Vielfalt auszumerzen trachtet.« Ursprünglich wohl vom österreichischen Analytiker Wilhelm Reich geprägt, fasste der Begriff »sexpositiv« in den 1960ern und 1970ern auch in San Francisco Fuß.

Heute sind Geist, Praxis und Technologie der Bewegung in diesem Mini-Museum zu bestaunen, untergebracht im »Good Vibrations«, einem Sexshop für Frauen, der 1977 aufmachte und sich der Erotik statt Pornografie verschrieb.

Das von Dr. Queen kuratierte Kleinod öffnete seine Pforten 2012 und besteht aus einem mittelgroßen Raum, in dem Vitrinen die Evolution des elektrischen Vibrators vom 19. Jahrhundert bis heute plastisch bebildern. Hier werden Sie profund, provokant und amüsant durch die Historie der vergnüglichen Stromstoß-Phalli geführt. Der Eintritt ist frei; bei Dr. Queen können Sie auch eine Privatführung buchen. Kurios: Viele der frühen Modelle muten wie Schneebesen oder Rührgeräte an. Was kaum verwundert: Ursprünglich war die Elektronik der Begierde aus der männlichen Überzeugung erwachsen, Lustprobleme bei Frauen hätten mit »Hysterie« zu tun, wobei die weibliche Sexualität als etwas galt, was zu fürchten wie zu kontrollieren gleichermaßen geraten schien.

Adresse 1620 Polk Street, San Francisco, CA, 94109, www.goodvibes.com,
Tel. +1/0415/345.0400 | **ÖPNV** Bus 19, Haltestelle Polk St & California St |
Öffnungszeiten täglich 10–22 Uhr | **Tipp** Um Ihre sinnliche Erfahrung
abzurunden, spazieren Sie sechs Blocks nach Norden. Dort erwartet Sie im
Les Cent Culottes erlesenste französische Wäsche (2200 Polk Street).

6 Arion Press

Citizen Kane war hier

Als der Citizen Kane des richtigen Lebens, William Randolph Hearst, 1887 den »San Francisco Examiner« kaufte, waren es seine fortschrittlichen Druckerpressen, die »The Ex« zum »König der Tageszeitungen« beförderten. Seither stellen die Publizisten und ihre walzenförmigen Geschütze einen entscheidenden Motor der lokalen Kulturgeschichte. Sowohl Arion Press als auch das Grabhorn Institute bewahren dieses Erbe und sichern seine Zukunft.

Auf einem weitläufigen Anwesen in Presidio ist das historische Equipment samt Buchbinderei und eine der wenigen noch arbeitenden Metalltypengießereien weltweit zu bestaunen: Mackenzie & Harris (M & H) feierten 2015 ihren 100. Geburtstag. Besucher dürfen dabei zuschauen, wie Typen und Lettern aus geschmolzenem Metall gegossen und zu Seiten gesetzt, wie Seiten gedruckt, zu Blöcken handgenäht und aufs Akribischste gebunden werden. Die Spezialisten, die bei Arion arbeiten, bringen eine mehrjährige Lehrzeit hinter sich und gehören zu den angesehensten der Vereinigten Staaten.

Bis um 1985 das Desktop Publishing aufkam, war der klassische Hochdruck Hauptstandbein der örtlichen Literaturszene, während politische Autoren und Aktivisten das flottere Do-it-yourself-Potenzial kleinerer Druckmaschinen ausschöpften. Von Klitschen oder Garagen aus, in Mission oder Dogpatch, produzierten Print-Poeten am laufenden Band Tausende von Kleinauflagen, Petitionen und Pamphleten – und benutzten dafür oft M & H. Heute wären die Gießerei und ihre 3.888 Metalltypen vielleicht verloren, hätte nicht der Gründer von Arion Press, Andrew Hoyem, der auch das Grabhorn Institute ins Leben rief, weise Voraussicht bewiesen.

Bibliophile dürfen sich an einer wechselnden Ausstellung handgedruckter Bücher erfreuen, die berühmtesten darunter: »Moby Dick« und »Leaves of Grass«. Was es hier an Kostbarkeiten zu entdecken gibt, erfreut sich Ewigkeiten guter Presse.

Adresse 1802 Hays Street, The Presidio, San Francisco, CA, 94129, www.arionpress.com, Tel. +1 415.668.2542 | **ÖPNV** Bus 1, 1AX, 28, Haltestelle California St & Park Presidio Blvd | **Öffnungszeiten** Gallery Mo–Fr 10–17 Uhr. Öffentliche Führungen finden donnerstags um 15.30 Uhr statt und dauern etwa anderthalb Stunden. | **Tipp** Ein hübsches kleines Eiscafé in der Nähe kühlt den erhitzten Geist: Japonica in 5503 California Street.

7 Das Audium

Mit den Ohren sehen

Komponist Stan Shaff ist davon beseelt, noch unentdeckte Eigenschaften des Klangs zu erforschen, insbesondere die Art und Weise, in der Räume Töne beeinflussen. In den späten 1950ern begab er sich gemeinsam mit Doug McEachern, einem anderen Musikprofi, auf Ohrenreise. Die beiden experimentierten mit Aufnahmetechnik, Lautsprechersystemen und architektonischen Tricks, um eine kleine Revolution herbeizuführen: einen Ort, an dem man Klang nicht nur hören, sondern »erfahren« konnte. Ihr sinnträchtig benanntes »Audium« riefen sie ins Leben, um hier »Soundskulpturen« erstehen zu lassen.

Allerdings geht es Shaff nicht minder darum, den scharfen Kontrast, ja, Widerspruch, zwischen der schnellen Welt außerhalb der Klangglocke und derjenigen innerhalb fühlbar zu machen: der Schall als metaphysische Begegnung.

Im Theater des Audium in der Bush Street finden jeden Freitag- und Samstagabend Performances statt. Shaff höchstselbst reißt oft die Karten ab und geleitet die Zuhörer zu ihren Sitzen – lediglich 49, in konzentrischen Kreisen angeordnet. Als 1960 die ersten Vorstellungen stattfanden, gab es hier acht Lautsprecher. Heute sind es 176 einschließlich solcher, die unter die Sitze montiert wurden. Die Kompositionen verweben vertraute Klänge und fremdartige Sounds – aus der Musikgeschichte, der Natur und dem Alltag –, während Sie in absoluter Dunkelheit verharren.

Sound-Guru Shaff: »Immer bin ich davon besessen gewesen, was Klänge aller Art heraufzubeschwören scheinen, ob nun natürliche oder elektronische. Sie berühren tiefere Schichten in uns, Ebenen, die dicht unter der Oberfläche der sichtbaren Welt liegen … Das Publikum soll spüren, wie der Sound es anspringt, liebkost, durchdringt und umschließt. Ich bitte die Zuhörer, mit den Ohren zu sehen und mit dem Körper die Klänge als Bilder, Träume und Erinnerungen wahrzunehmen. Sie selbst werden schließlich Teil der Gesamtskulptur.«

Adresse 1616 Bush Street, San Francisco, CA, 94109, www.audium.org,
Tel. +1 415.771.1616 | **ÖPNV** Bus 38, Haltestelle Starr King Way St & Gough St |
Öffnungszeiten Fr und Sa Performances um 20.30 Uhr | **Tipp** Spazieren Sie den
versteckten Ziegelpfad der »Historic Cottage Row« zwischen Bush, Sutter und
Webster Street entlang. Die nostalgische Häuserzeile wurde von Viktorianern in den
späten 1860er and 1870er Jahren angelegt. Auf der Seite der Sutter Street liegt ein
Mini-Park mit lauschigen Bänken.

8 Der Aussichtsturm

Blick mit Baumkrönung

Schlendern (oder fahren) Sie den JFK Drive im Golden Gate Park entlang, wird Ihnen auf Höhe der Ninth Avenue ein Metallturm ins Gesichtsfeld ragen – inmitten immergrüner Baumkronen. Der Turm, den ein Außenskelett aus rötlichem Kupfer umhüllt, ähnelt einer Mauerzinne. Folgen Sie der Zinne durch einen Skulpturengarten hindurch bis zu ihrem Sockel, so gelangen Sie zum de Young Museum, einem der erlesensten Kulturorte der Bay Area, an dem natürliche und menschengemachte Ästhetik einander mit Hingabe gegenübergestellt sind.

Als das Museum nach dem Erdbeben in Loma Prieta 1989 wiederaufgebaut wurde, verwendete die Baufirma Herzog & de Meuron, in deren Auftrag die Architekten Fong and Chen zu Werke gingen, für ihr Design natürliche Materialien wie Kupfer, Holz, Stein und Glas. Einige der Anwohner sind vernarrt in den hypermodernen Look des wiedererstandenen Kunst-Baus, anderen war das abgerissene Originalgebäude im Jugendstil lieber.

Wie immer der Geschmack: Die Beobachtungsplattform ist ein Vergnügen für sich. Ein Aufzug jagt Sie fast 45 Meter in die Höhe; von hier aus haben Sie einen 360°-Panoramablick durch Rundum-Glas über die höchsten Bäume des Parks hinweg. Sattes Grün und im Wind sich wiegende Eukalyptusbäume unter Ihnen rahmen die herrlichen Aussichten ein. Von dieser Warte in luftiger Höhe aus erscheint es dem Betrachter, als schweiften seine Blicke von einem gigantischen Baumhaus aus über San Francisco; in alle Richtungen erstreckt sich der Park. Im Osten wellt sich das lebende Dach der Academy of Sciences genauso sanft wie die Hügellandschaft dahinter. Im Westen reicht die Sicht bis zur Landzunge von Marin und der Golden Gate Bridge, die seltsam nah erscheint, unter anderem, weil sie sich in etwa gleichem Maße über die Stadt erhebt wie der Turm.

Der Blick auf den Himmel über San Francisco kostet übrigens nichts: Der Zutritt zum Hamon Tower Observation Level ist frei.

Adresse de Young Museum, 50 Hagiwara Tea Garden Drive, San Francisco, CA, 94118, www.deyoung.famsf.org, Tel. +1 415.750.3600 | **ÖPNV** Bus 44, Haltestelle Academy of Sciences | **Öffnungszeiten** Di–So 9.30–17 Uhr | **Tipp** Jeden Sonntag im Sommer gibt die Golden Gate Park Band kostenlose Konzerte im Music Concourse and Pavilion vor dem de Young Museum.

9_ Die Bar Agricole
Die Charakterrolle

SOMA – das ist in etwa die Gegend südlich (»so«) der Market Street (»ma«) und nördlich von Mission District. Wenn jedoch davon gesprochen wird, zu den Clubs oder einer Dotcom-Party in SOMA zu gehen, ist meist ein kleineres Rechteck gemeint, das von Market, Townsend, 11th Street und Rincon Hill umgrenzt wird. Von hier aus sind bereits die hohen Glastürme an der Auffahrt zur Oakland Bay Bridge zu sehen.

Ursprünglich ein Wohngebiet, wurde die Gegend nach der Ära des »Goldrauschs« von den Fabriken geprägt, die an der Küste aus dem Boden schossen. Das Erdbeben von 1906 radierte sie von der Landkarte. Während des Zweiten Weltkrieges erholte sich das Viertel ein wenig, um in den 1950ern zur Pennergegend zu verkommen. Von den Sechzigern bis in die Achtziger entwickelte es sich zur Gay-Meile, insbesondere die Lederszene zog es in die vielen Bars und Saunen. Nachdem die Aids-Epidemie zu einer Massenschließung geführt hatte, entwickelte sich das Terrain zu einem »SoHo der West Coast«, dicht bevölkert von Independent-Musikern und anderen genialischen Geistern. Bis Ende der Neunziger auch damit Schluss war: Nach dem ersten Dotcom-Boom zogen die Musiker wieder aus und die Geeks ein. Sie waren es nun, die Firmen mit Namen wie Wired, Twitter oder Dropbox gründeten.

SOMAS aktuellste Metamorphose fällt uncharakteristisch mainstreamig aus und gibt sich versnobt-exklusiv. An einem Ort wie der Bar Agricole jedoch ist der Widerschein der kreativen Vergangenheit noch gut zu erkennen: Mit diesem Barrestaurant haben sich ortsansässige Architekten, Holz- und Stahlarbeiter, Glasbläser und sogar städtische Farmer selbst ein Denkmal gesetzt. Die Einrichtung ist klassisch minimalistisch; nahezu alles hier Sichtbare stammt quasi aus der Familie – die Bars, die Eichentische, die Uniformen des Personals, die Beleuchtung und auch die Fotos über der Bar: San Francisco in seiner schönsten Charakterrolle.

Adresse 355 11th Street, San Francisco, CA, 94103, www.baragricole.com,
Tel. +1 415.355.9400 | **ÖPNV** Bus 9, 47, Haltestelle 11th St & Folsom St | **Öffnungs-
zeiten** täglich 18 – 22 Uhr, am Wochenende Brunch von 11 – 14 Uhr | **Tipp** Nebenan bei
Slim's in 333 11th Street, einer kleinen, intimen Konzertbühne aus den Achtzigern, spielt
eine Vielzahl von Cover Bands, Jazzmusikern, Independent-, Rock- und Punkgruppen.

10__Der Battery
Penthouse-Träume

Traditionell gilt San Francisco als Stadt mit distinguierter Clubszene. Nur ein knappes Dutzend der privaten Elite-Etablissements jedoch konnte sich halten. Ähnlich der San Francisco Symphony, dem Ballett und der Oper haben diese Clubs alter Schule Nachwuchsprobleme. Um das junge Volk anzuziehen, lockern sie ihre Zutrittsbeschränkungen, verlegen sich gar auf soziale Netzwerke – alles in dem Versuch, eine frische Klientel zu gewinnen und mithin den Zeitgeist der Stadt einzufangen.

Zu den neuen Members-only-Clubs mit Händchen für jenen kapriziösen Geist gehört der Battery Club, 2013 eröffnet.

Hier hat nur Zutritt, wer auf Empfehlung kommt; jährlich 2.400 Dollar kostet der Spaß. Die Vision ist es, »eine Privatkultur zu schaffen, in der diverse Communitys zusammenfinden und keiner reinkommt, der nicht reinsoll«. Im alten Gebäude am Jackson Square, in dem erst Marmor gemeißelt und dann Süßwaren verkauft wurden, befindet sich nun ein Abenteuerspielplatz für Retro-Hipster samt Fitnessstudio, Spa, vier Bars, Restaurant, Bibliothek, einer Sauna für zwanzig Personen, einem gigantischen Weinkeller, exklusivem Gasthaus mit nur 14 Zimmern sowie einem Penthouse. Das Interieur erinnert an ein »Hearst Castle« voll leuchtender Farben, bequemer Ledersessel, Bücherwände und kurioser Ziergegenstände der Vintage-Klasse.

Junge Künstler der Region stellen hier aus; es gibt monatliche Galerie-Führungen. Alles, was Sie sehen, spiegelt den Geschmack der Inhaber Michael und Xochi Birch, die ihre Social-Networking-Firma Bebo 2008 für die Kleinigkeit von 850 Millionen Dollar verkauften. Sollte kein Mitglied sich geneigt fühlen, Sie zu empfehlen, hauen Sie doch Ihr Gespartes für eine der Suiten oder Gästezimmer auf den Kopf. Wer hier übernachtet, hat Zugang zu vielen der Annehmlichkeiten des Hauses. Kostet auch weder die Welt noch eine halbe Milliarde.

Adresse 717 Battery Street, San Francisco, CA, 94111, www.thebatterysf.com | **ÖPNV**
Bus 10, 12, Haltestelle Pacific Ave & Sansome St | **Öffnungszeiten** Einlass nur durch
Empfehlung | **Tipp** Zwei Blocks weiter auf dem Jackson Square befindet sich »The
Hedge«, eine minimalistische Galerie in 501 Pacific Avenue.

11_Die Bay Lights
Hafenlichter

Keine Schönheit: Die Oakland Bay Bridge mit ihren zwei Decks wurde im November 1936 eröffnet, ein halbes Jahr vor der Golden Gate Bridge, und galt seither im Vergleich eher als das hässliche Entlein. Bis 2013 der zwischen Treasure Island und Oakland gespannte Ost-Bogen runderneuert und einer beachtlichen Metamorphose unterzogen wurde. Das Ergebnis: ein weißer Schwan von einer Brücke, deren westlicher Bogen vom oberen Deck aus einen atemberaubenden Blick auf die Stadt bietet. Damit nicht genug: Hier entstand auch eine der ehrgeizigsten Lichtskulpturen der Welt.

Verantwortlich für dieses leuchtende Beispiel eines Image-Facelifts zeichnet Leo Villareal, dessen Arbeiten sonst im Museum of Modern Art in New York oder der National Gallery in Washington zu finden sind. Hier nutzt er LED-Leuchten, die von einem speziellen Computerprogramm gesteuert werden. Den ehemals drögen Look verwandelte er mittels 25.000 Lichtern, die im Abstand von 30 Zentimetern an den Längsseilen angebracht wurden und nach dem Zufallsprinzip aufblinken. Der Effekt ist hypnotisch: Die Lichter in den vertikalen Seilen verschmelzen mit den Scheinwerfern des Brückenverkehrs, den Fenstern der Hochhäuser in Downtown und scheinen die gesamte Küste in einen gigantischen Schmuckkasten zu verwandeln.

Die Stromkosten belaufen sich auf 30 Dollar am Tag, wobei sich die Strahlkraft regulieren lässt: Von Sonnenuntergang bis 2 Uhr nachts ist das Spektakel aus vielen Perspektiven zu bestaunen; besonders überwältigend fällt der Blick von der öffentlichen Dachterrasse hinter dem Ferry Building am Embarcadero aus. Aus Sicherheitsgründen allerdings bleibt die Lightshow für den Brückenverkehr selbst unsichtbar.

Ursprünglich nur bis 2015 geplant, erfreuen sich die Himmelsdiamanten nun so vieler »best friends«, dass schon fleißig gesammelt worden ist, um diese Wechselausstellung rund um den überspannten Bogen in ein permanentes Juwel zu verwandeln.

Adresse Pier 14, San Francisco, CA, 94105, thebaylights.illuminatethearts.org | **ÖPNV**
Stadtbahn (Light rail), Haltestelle Embarcadero & Folsom St (T-Third, N-Judah) |
Öffnungszeiten Die Bay Lights leuchten von Sonnenuntergang bis 2 Uhr nachts. | **Tipp**
Wer mag, schlürft zum Anblick der Bay Lights in der Water Bar (399 Embarcadero)
Austern.

12 Das Beach und Park Chalet

Szenen im Golden Gate Park

An der Westgrenze San Franciscos, an der Küstenseite des Golden Gate Parks, liegt ein Wochenend-Favorit der Einheimischen: das Beach und Park Chalet, wo man die Samstagnachmittage und selbst die nebligen Abende auf den Liegestühlen im Rücken eines beinahe 100 Jahre alten Hauses verlümmelt. Es beherbergt zwei Restaurants: treppauf das Beach Chalet mit seiner Spezialität des Hauses – einem Blick über die Bucht jenseits des Great Highway –, während die Gäste des Park Chalet zu ebener Erde den Park gleich mit in Beschlag nehmen: Kinder tollen zwischen den Bäumen herum, derweil sich die Eltern das Craft-Beer zu Livemusik schmecken lassen.

Das Gebäude im spanischen Kolonialstil ist das Werk von Willis Polk, Chefarchitekt der Panama-Pacific Exposition 1915. Eigentlich sollte die Ausstellung den neuen Kanal feiern, geriet jedoch zum Vorzeigeprojekt, das symbolisch für die Überwindung des Erdbebens von 1906 stand. Polks herausragendste Arbeiten umfassen Filoli Estate, das War Memorial Opera House sowie Hobart Building. Polk, der auch die Restaurierung des Palace of Fine Arts von Bernard Maybeck leitete, ließ sich so zitieren: »Mit kleinkarierten Plänen zieht man keine Blicke auf sich.«

Im Zentrum des Beach Chalet prunkt ein maßstabgetreues Modell der Stadt; wirklich überwältigt jedoch sind die Besucher meist von den 360°-Mauerbildern, die Lucien Labaudt, französischer Autodidakt der bildenden Künste, der 1910 nach San Francisco kam, an die Wände geworfen hat. Sie gewähren intime Einblicke in das San Francisco zur Zeit der Großen Depression. Die naturalistischen Szenen zeigen reale Bürger der Stadt. Einige der Modelle waren gar Angestellte der WPA, der Arbeitsbeschaffungsbehörde. Sie mögen nicht ermessen haben, wie sehr die Darstellungen gut gelaunter, Tennis spielender oder vom Pferderücken aus winkender Männer – und solche gelangweilt und planlos dreinschauender Frauen – die Ungerechtigkeiten der Epoche entlarvten.

Adresse 1000 Great Highway, San Francisco, CA, 94121, www.beachchalet.com, Tel. +1 415.355.9400 | **ÖPNV** Stadtbahn (Light rail) N-Judah, Haltestelle Judah St & La Playa Ave | **Öffnungszeiten** täglich 8–23 Uhr | **Tipp** Nordöstlich des Park Chalets liegt ein Trainingszentrum fürs Bogenschießen. Kurse und Ausrüstung können Sie im nahe gelegenen San Francisco Archery Shop in 3795 Balboa Street buchen.

13 Das Beat Museum

Still on the road

»Ich spüre, wie mir die Bullen auf die Pelle rücken, wie sie da draußen ihre Teufelspuppen von Spitzeln in Stellung bringen, sich einen Reim machen auf Löffel und Tropfer ...«

So beginnt William Burroughs' Roman »Naked Lunch« von 1959 und spricht damit gleich mehrere Kernthemen der Beat Generation an: Paranoia, korrupte Ordnungshüter, Süchte aller Art; unterfüttert von Angst, der Sehnsucht nach revolutionären Kunstformen und einer neuen Romantik. Alles dies dominiert von einer Rohheit im Ton, wie man sie noch nicht vernommen hatte: »Howl«, ein »Aufheulen«, wie Allen Ginsbergs Kultgedicht das Zeitgefühl auf den Punkt brachte.

1948 rief Jack Kerouac die »Beat Generation« aus; »Beat« umfasste die gesamte kulturelle Bedeutungspalette des Begriffs: vom Beat der Musik bis zum Schlag des Polizeiknüppels. Ihren Ursprung hatte die Bewegung an der Upper West Side Manhattans, sprang jedoch bald auf San Francisco über. Auf einmal bildete die später so bezeichnete »Gegenkultur« die Identität der Stadt und begründete eine ganze Ära. Zeugen sind Orte wie City Lights Books, wo Lawrence Ferlinghetti noch heute Lesungen abhält. Die meisten anderen Weihestätten der Szene sind vom Stadtplan verschwunden, darunter Six Gallery in Fillmore Street, eine unterirdische Galerie, in der Ginsberg »Howl« zum ersten Mal vortrug.

In einem obskuren kleinen Museum im Rückteil eines Buchgeschäfts auf der Broadway Street jedoch ist der Nachhall der Beats noch zu spüren: Im Untergeschoss steht Neal Cassadys Hudson von 1949, bedeckt von »5.000 Meilen Staub« und umrankt von Kunst und Zeitungsartikeln. Der Wagen wurde von Walter Salles gestiftet; er ist nicht das Original, dafür aber jener aus dem Film »On The Road«. In den oberen Räumen liegen signierte Erstausgaben von Werken Kerouacs und anderen aus. Es werden Lesungen, Filmvorführungen und Guided Tours durch North Beach angeboten.

Adresse 540 Broadway Street, San Francisco, CA, 94155, www.kerouac.com, Tel. +1 415.399.9626 | **ÖPNV** Bus 8X, Haltestelle Columbus Ave & Broadway St; Bus 12, Haltestelle Pacific Ave & Grant Ave; Bus 30, Haltestelle Stockton St & Columbus Ave | **Öffnungszeiten** täglich 10–19 Uhr | **Tipp** Die Straße hinunter am Adler Place finden Sie eine der legendären Kellerbars der Stadt, Spec's – sozusagen ein lebendes Fossil der Beatnik-Ära.

14 Die Billionaires' Row
Die Milliardärsmeile

Das teuerste Pflaster hier? Natürlich Pacific Heights. Ein Viertel, das eher für eine Haltung steht als für monetäre Statements. Vor 1900 von der Halbwelt regiert, entwickelte es sich nach der Jahrhundertwende zu einer noch betuchteren Enklave als ohnehin. Heute residiert hier eine autarke Community mit Privatschulen, prächtigen Parkanlagen und surreal erscheinenden Traumdomizilen, Kostenpunkt 30 Millionen aufwärts.

Den Abschnitt der Broadway Street zwischen Buchanan and Lyon Street nennt der Volksmund »Billionaires' Row«, Milliardärsmeile. Die Häuser hier erinnern an Bilder einer piekfeinen Ausstellung, so akribisch gearbeitet ist jedes Detail. Von den Garagentüren bis zu den Fensterrahmen schreit alles: Museumsstück!

Kein Zweifel: Diese Bauten sind Kunstwerke, und der Blick, den man von hier hat, erhebt sie ins Glorreiche, ja Galaktische. Nicht weniger außerirdisch: die Menschen. Wohnhaft hier sind etwa die Gettys oder Sir Jonathan Ive von Apple.

Architektonisch rangieren die Häuser von gotisch über mediterran und Queen Anne bis zu niederländisch-kolonial, jedes mit eigener Ästhetik. Solide Ziegelbauten reihen sich an weiß verputzte Extravaganzen mit korinthischen Säulen. Doch ganz gleich, wie der Stil ausfällt: Der gemeinsame Nenner aller dieser Märchenschlösser ist Grandezza.

Als grandiosestes von allen kann vielleicht Spreckles Mansion in 2080 Washington Street gelten, 1913 von einem Zuckerbaron erbaut, oder Flood Mansion mit seinen über 1.000 Quadratmetern in 2222 Broadway Street, das für Privatfeiern zu mieten ist. Auch nicht zu verachten: die viktorianische Villa in 2640 Steiner Street, bekannt als Drehort von »Mrs. Doubtfire« mit dem jüngst verstorbenen Robin Williams in der Hauptrolle. Das einzige öffentlich zugängliche Haus aus dem 19. Jahrhundert ist Haas-Lilienthal House in Franklin Street; alle Führungen beginnen hier.

Adresse Broadway Street zwischen Divisadero Street & Lyon Street, San Francisco, CA, 94115 | **ÖPNV** Bus 22, Haltestelle Fillmore St & Broadway St | **Tipp** Besuchen Sie ganz in der Nähe die Cafés, Restaurants und Boutiquen in der zauberhaften Fillmore Street zwischen Bush Street und Jackson Street.

15 Bliss Dance
Wüstenblume

»The Burning Man Festival« nennt sich jene Fata Morgana, die sich jährlich in Black Rock Desert ereignet, 160 Kilometer von Nevada entfernt. Die Einöde der Salztonebene – einst Grund eines Ozeans und später Heimat der Paiute Nation – gibt heute die Bühne für ein Schauspiel sondergleichen ab: Experimentelle Kunsthappenings, kaum zu glaubende Outfits und Basis-Autarkie setzen in der kargen Wüstenlandschaft eine Woche lang die Akzente.

Rund 65.000 Menschen finden sich am letzten Montag im August hier ein, um eine ganze Stadt aufzubauen, die acht Tage später »spurlos« wieder verschwindet. Das ist obligatorisch.

Vor 30 Jahren lebte die Gegenkultur hier ihre Bewährungsproben aus; heute ist Burning Man eher Mainstream. Tickets kosten um die 400 Dollar; als Landebahn für Privatflugzeuge dient ein unbeleuchtetes Provisorium.

Vor einigen Jahren nannte sich eine der Kreationen »The Mechabolic«; es handelte sich um einen 40 Meter langen Metall-Mollusken, der Müll fraß und ihn dabei in Elektrizität verwandelte. Aber auch zu traditionelleren Schöpfungen kommt es hier: zu Bildern und Skulpturen. Eine der spektakuläreren Plastiken war »Bliss Dance« von Marco Cochrane, eine zwölf Meter hohe, nackte Frauengestalt, in seligem Tanz versunken. Entstanden ist sie 2010 und fand ein Jahr später einen permanenten Dancefloor auf Treasure Island, wo sie bis heute ihren Platz hat. 7.000 Pfund wiegt das Stück aus geodätischen Streben mit einer Haut, die aus Edelstahlgeflecht besteht. Nachts strahlt die Tänzerin auf: 1.000 LED-Leuchten verschiedener Farben illuminieren sie von innen. Mitschwofen kann man auch: Eine iPhone-App erlaubt es jedem, die Lichteffekte zu steuern.

Heute steht Bliss Dance auf dem großen Rasen neben der Avenue of the Palms. Zugleich graziös und erotisch, verkörpert die Figur weibliche Energie. Künstler Cochrane: »Eine Frau, die sich ganz eins mit sich selbst fühlt. Wenn sie glücklich sind, tanzen sie.«

Adresse Avenue of the Palms, San Francisco, CA, 94130 | **ÖPNV** Bus 108, Haltestelle Treasure Island Rd Guard Station | **Tipp** »Treasure Island Bar and Grill« in 60 Clipper Cove liegt nur ein paar Schritte entfernt.

16 Der Bohemian Club
Mekka mächtiger Männer

Eliteclubs für Herren gibt es hier wie Sand am Meer; als verschwiegenster und berüchtigtster gilt der Bohemian Club. 1872 wurde er als privater Salon für Journalisten gegründet, damals »bohemians« genannt. Die meisten arbeiteten in der Nachrichtenabteilung des Hearst-Blattes »San Francisco Examiner«. Auch Mogul William Randolph Hearst höchstselbst war hier Mitglied, ebenso wie Dichter Ambrose Bierce, der 1901 in seinem Gedicht »The Ex« die Ermordung des Präsidenten McKinley prophezeite. Wenig später schritt ein Anarchist zur Tat. Im Club war die Hölle los; die Hearst-Reporter verließen den Geheimbund, um einen noch exklusiveren Verein namens The Family zu gründen, den es noch heute gibt.

Der Bohemian Club wurde stets mit Künstlern assoziiert, insbesondere Musikern, entwickelte sich jedoch allmählich zu einer Bruderschaft der Patrizier. »Noch nie in meinem Leben so viele gut gekleidete, wohlgenährte und geschäftstüchtige Bohemiens gesehen«, notierte süffisant Oscar Wilde, der den Club 1882 besuchte.

Gut beobachtet: Die Mitgliederkartei liest sich wie ein Who's who der jüngeren US-Geschichte: Henry Kissinger, Colin Powell, Donald Rumsfeld, George Bush senior und junior, Robert F. Kennedy sowie Ronald Reagan lauten etwa die Namen. Die Kandidatur des Letzteren wurde hier entschieden. Auch das Manhattan Project und die UNO ersann der Club. Bewerber warten oft 15 Jahre bis zur Aufnahme, denn die Mitgliederzahl bleibt auf 2.700 beschränkt.

In jüngerer Zeit ist die Elite-Mannschaft zum gefundenen Fressen für Verschwörungstheoretiker mit Vorliebe für die »Illuminati« avanciert, verdächtig ist nicht zuletzt die jährliche Klausur der betuchten Herren im kalifornischen Monte Rio, die dafür bekannt ist, von Mysterien umschwadet zu sein.

Wiewohl doch ein Shakespeare-Zitat am Eingang in San Francisco jegliche Geschäfts- oder gar Verschwörungstätigkeit strikt untersagt: »Spinnen, die ihr künstlich webt, webt an einem andern Ort.«

Adresse 624 Taylor Street, San Francisco, CA, 94102 | **ÖPNV** Bus 2, 3, Haltestelle
Post St & Taylor St | **Öffnungszeiten** nur für Mitglieder | **Tipp** Ein kleiner Spaziergang
bergauf führt Sie zum Mark Hopkins Hotel und zum Fairmont Hotel.

17 Das Bourbon & Branch
Die passwortgeschützte Bar

Immer schon schillerte San Francisco in allen Farben des Regenbogens. War es in den Tagen des Rotlichtviertels Barbary Coast die Stadt des »Anything goes«, so gab es in den Sechzigern und Siebzigern des 20. Jahrhunderts das Epizentrum des »Summer of Love«. In den Achtzigern und Neunzigern stand alles im Zeichen der »Rainbow Coalition«, während nun die Metamorphose vom Hippie zum Hipster perfekt ist: Aktuell dient die Stadt als Treibhaus für jegliche Kreative – vom App-Artisten bis zum Wortakrobaten.

Oft ist es schwer, zwischen Künstelei und Kunst, zwischen Affektiertem und Authentischem zu unterscheiden, zuweilen auch unmöglich. Nicht zuletzt dies macht den Charme der Stadt aus. Ein Beispiel: In Tenderloin verweist an der Ecke Jones und O'Farrell Street ein Schild auf eine »Anti-Saloon League«, darunter steht: »San Francisco Branch«. Hier geht es zu Bourbon & Branch, einer trendigen Bar, die einer Original-Spelunke der Prohibitionszeit an gleicher Adresse nachgebildet ist.

Sie reservieren online, erhalten ein Passwort, gehen hin, klopfen und sprechen das Zauberwort. Es öffnet sich eine Tür zu einer spärlich beleuchteten Bar, die erlesene Cocktails serviert. Innerhalb dieser Bar befindet sich eine weitere namens Wilson & Wilson (stärkere Drinks, andere Stimmung). Wenn es Zeit ist, zu gehen, schlüpfen Sie zur Hintertür wieder heraus.

Wer es noch untergründiger vorzieht, besucht The Speakeasy, ein interaktives Theaterevent, das Sie in die Roaring Twenties zurückversetzt. Die Details eines solchen »Happenings« bleiben bis zum Tag X geheim, an dem den Gästen Ort und Passwort gesimst werden. Das Publikum ist angehalten, sich in Zwanziger-Klamotten einzufinden, die Damen in Flapper-Kleidung und Federn, die Herren mit Melone und Pokerchips in ihren Taschen. Man mischt sich unter die Schauspieler; Zuschauer und Akteure lassen sich bald kaum noch unterscheiden. Sicher ist nur: Es geht schillernd zu.

Adresse 501 Jones Street, San Francisco, CA, 94102, www.bourbonandbranch.com, Tel. +1 415.346.1735 | **ÖPNV** Bus 27, Haltestelle Ellis St & Jones St; Bus 38, Haltestelle O'Farrell St & Leavenworth St | **Öffnungszeiten** täglich 18–2 Uhr (Reservierung und Passwort erforderlich) | **Tipp** Sie haben kein B&B-Passwort? Dann schlürfen Sie Ihren Cocktail im Redford an 673 Geary Boulevard.

18 Der Buena Vista Park

Eine magische Stille

Es sei der beste Ort, um unter freiem Himmel »rumzumachen«, heißt es. Gewiss sind die Ausblicke auf Downtown und Golden Gate Bridge bezaubernd, wenngleich weniger dramatisch als jene vom Corona Heights Park aus, der höher und weiter nach Süden liegt. Letzterer jedoch ist eher kahl und bei kaltem Wind geradezu unwirtlich. Der Buena Vista Park hingegen ist vergleichsweise dicht bewachsen und wirkt im Sommernebel mysteriös und schaurig-schön. Die Wege führen einen Hang hoch, an Brombeerbüschen entlang, alte Stufen hinauf, durch einen Kiefernwald und einen der letzten Eichenhaine der Stadt hindurch. Ein magisches »Psst!«, wie ein Besucher es nannte.

Der Park liegt in der Mitte San Franciscos, umgeben von viktorianischen Häusern, und wird gewöhnlich vom Nordrand her betreten, der an der Haight Street entlang verläuft. Es ist der älteste Park der Stadt und ein Favorit der Gassigeher. Einen verwahrlosten Tennisplatz hat er ebenfalls zu bieten, samt kleinem Kinderspielplatz. Unter den gefiederten Parkbewohnern sind mehrere Arten, die in den Oak Woodlands leben, darunter Saftlecker, Andenbaumläufer und die Spechtmeise.

Auch kulturell sind diese Anlagen voller Nachklänge: Abflussgräben weisen Fragmente unbekannter Grabsteine von aufgelösten Friedhöfen aus dem frühen 20. Jahrhundert auf. Die Toten bettete man nach Colma um; die Steine wurden recycelt und für städtebauliche Projekte wiederverwendet, darunter dieses.

Doch Vorsicht: Die Polizei patrouilliert hier verstärkt; dies hält die unterschiedlichsten Leute jedoch nicht davon ab, den Park zu nutzen – zu allen möglichen Zwecken. Anders gesagt: Man kommt besser nicht bei Dunkelheit her.

Tagsüber jedoch bietet sich hier eine tolle Tageswanderung an, die vom Buena Vista Park hoch zum Corona Heights Park und schließlich auf der anderen Seite des Hügels hinunter über Vulcan Steps, die für sich genommen sehenswert sind, nach Castro District führt.

Adresse Buena Vista Avenue und Haight Street, San Francisco, CA, 94117, www.sfrecpark.org/destination/buena-vista-park | **ÖPNV** Bus 6, 71, Haltestelle Haight St & Buena Vista East oder West Ave stop | **Tipp** Hitchcock-Fans werden sich über das Gebäude an der 355 Buena Vista East Street freuen, das im bekannten Thriller »Vertigo« vorkommt.

19___Building 95

Ein Stock, ein Raum, kein Fenster

Irgendwo im Presidio National Park nahe Crissy Field entdeckten Archäologen einen Muschelhügel von 740 v. Chr. Der genaue Ort wird nicht preisgegeben, seine Existenz jedoch beweist: Dies ist altehrwürdiges Terrain und zeugt von untergegangenen Kulturen.

Zu den heutigen Größen Presidios zählt Andy Goldsworthy, ein britischer Bildhauer und Umweltaktivist. Sein Œuvre zeichnet sich durch die Verwendung natürlicher Materialien aus, die auf unverwechselbare Weise in Menschenwerk übergehen. 2011 schuf er »Wood Line« (siehe S. 230), eine Schlangenform aus Eukalyptussegmenten. 2008 errichtete er den 27 Meter hohen Turm »Spire« aus Baumstämmen am Bay Area Ridge Trail. Sein wichtigstes Werk jedoch ist vielleicht »Tree Fall«, das in Building 95 am Paradeplatz ausgestellt ist.

Ein Stockwerk, ein Raum, fensterlos: Das Gebäude stammt von 1863 und gehört zu den ältesten des Viertels. Das 5x7 Meter enge Innenleben kasteln vier übermeterdicke Mauern ein; hier wurden Schießpulver und Munition gelagert, als Presidio noch als Militärposten diente.

»Tree Fall« von 2013 ist eine ortsspezifische Installation, die Goldsworthys Ethos besonders eindrücklich widerspiegelt: Sie besteht aus einem gefällten Eukalyptusstamm, der zwischen falschen Wänden aufgehängt wurde, um die historischen Mauern vor Schäden zu bewahren. Die Äste und die Zwischendecke über ihnen umhüllt trockener, rissiger Lehm (aus Presidio) wie Lava die Gestalten in Pompeji. Tatsächlich entsteht der Eindruck einer Haut aus ausgedörrtem Modder, die sich so uralt wie zeitlos anfühlt. Die intime Kammer verströmt einen erdigen, reinen Keller- oder Höhlengeruch. Künstliche Beleuchtung gibt es nicht; nur das Tageslicht bricht durch den schmalen Eingang. In dieser unterirdisch anmutenden Kapelle ruhen keine Toten, sondern die Natur – und ihr Verhältnis zum Menschenwerk. Dieser schwierigen Beziehung ist das Werk gewidmet. Hier in seltener Harmonie.

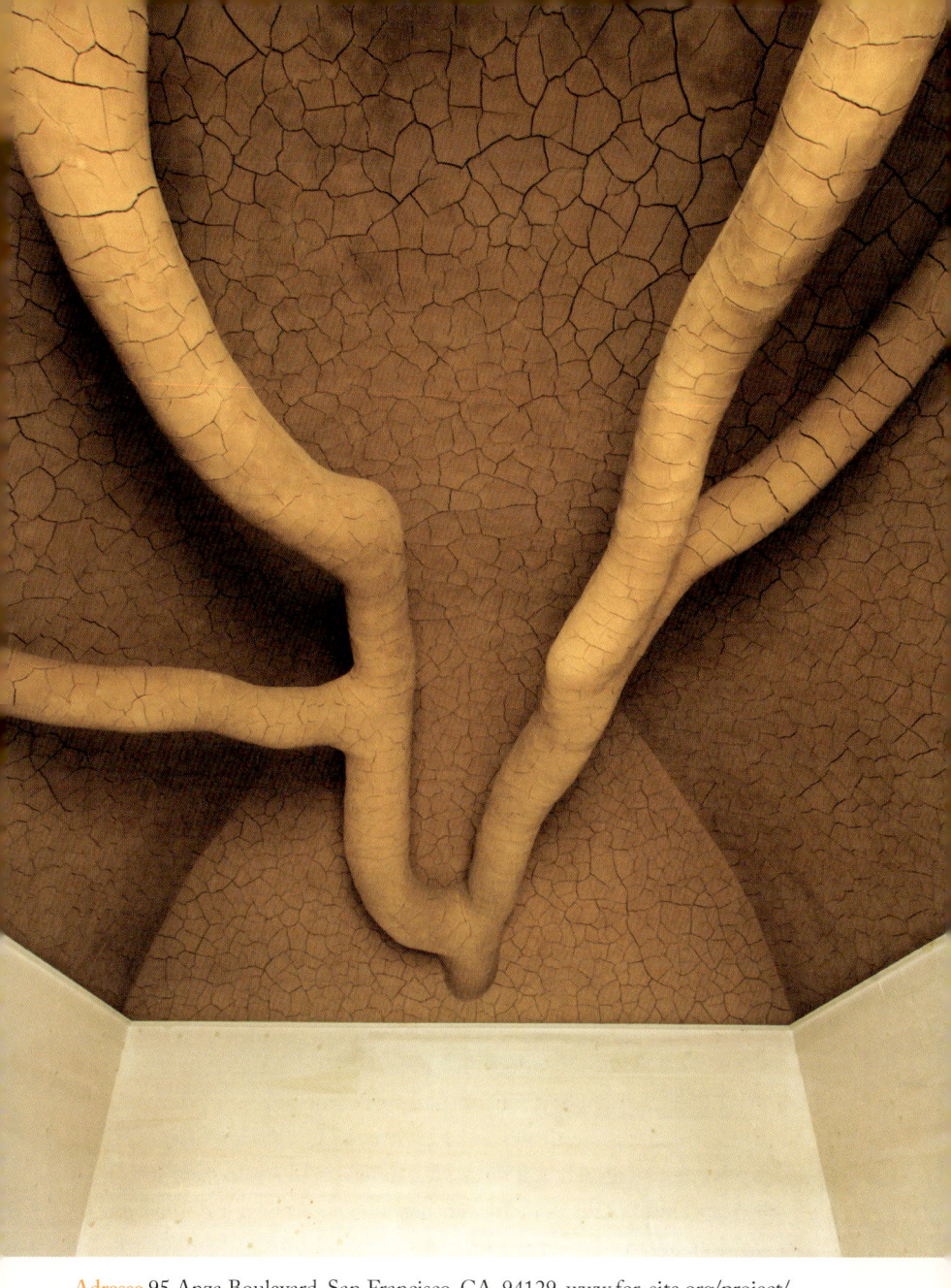

Adresse 95 Anza Boulevard, San Francisco, CA, 94129, www.for-site.org/project/goldsworthy-in-the-presidio-tree-fall | **ÖPNV** Bus 28L, 43, Haltestelle Letterman Dr & Lincoln Blvd | **Öffnungszeiten** Sa und So 10–16 Uhr | **Tipp** Jeden Donnerstag und Sonntag vom zeitigen Frühjahr bis zum Herbst gibt es auf dem Off-the-Grid-Foodmarkt am Main Post Park in Presidio die Zutaten für ein tolles Picknick.

20 Building One
Ein Schatz versinkt

Treasure Island nennt sich ein 160 Hektar großes Siebeneck, eine künstliche Insel inmitten der San Francisco Bay, die über eine schmale Landenge mit Yerba Buena Island verbunden ist, dem mittleren Ankerpunkt der Oakland Bay Bridge.

Treasure Island wurde für die Golden Gate International Exposition 1939 gebaut – eine der größten Weltausstellungen an der Westküste. Dominiert wurde die Mega-Schau von einer 25 Meter hohen Statue einer Göttin namens »Pacifica«; gemeißelt hatte sie Ralph Stackpole, einer der bedeutendsten Bildhauer der Zeit. Zwei Jahre später erreichte der Weltkrieg Amerika; die legendäre »ummauerte Stadt« wurde abgerissen und die Insel zum Flottenstützpunkt umgebaut.

Heute ist das Eiland ein windumtoster, düsterer Vorposten San Franciscos; hier wohnen auch – bescheiden – über 2.000 Menschen. Man sollte denken, dies sei eine Goldgrube für Projektentwickler, doch falsch: Die Insel versinkt im Meer, und an ihrem nordöstlichen Ende liegt eine Militärakademie aus Kriegszeiten, die mit radioaktivem Material arbeitete. Zwar wurde das Gelände 1990 abgesperrt, aber was dort noch vor sich hin strahlt, weiß niemand so genau. Die Entsorgung steht aus.

Attraktionen hat der Ort jedoch auch zu bieten, so etwa das große Verwaltungsgebäude Building One, ein Überbleibsel der Exposition, das 1938 in blendend weißem Art déco von den Architekten William Day and George Kelham errichtet wurde. Besonderes Kennzeichen: der absurd erscheinende Flughafenkontrollturm auf dem Dach, der einst tatsächlich seinen Dienst tat. 1989 wurde der Kriegsveteran reanimiert: Steven Spielberg ließ ihn für »Indiana Jones und der letzte Kreuzzug« als Berliner Airport herhalten.

Vor dem Gebäude stehen sechs Statuen für verschiedene Kulturen des Pazifiks; in der Lobby befinden sich bemerkenswerte Wandgemälde. Hinter dem Haus schließlich bieten ein Yachthafen und Weinkellereien Schätze für die Wochenendstimmung.

Adresse Treasure Island Administration Building, Avenue of the Palms, San Francisco, CA, 94130, www.treasureislandmuseum.org, Tel. +1 415.413.8462 | **ÖPNV** Bus 108, Haltestelle Treasure Island Rd Guard Station | **Öffnungszeiten** Mo – Fr 8.30 – 17 Uhr | **Tipp** An Wochenenden finden in der Avenue of the Palms von 11 bis 16 Uhr Flohmärkte und Weinproben statt.

21 Der Candlestick Park
The Catch

Stets hat »The Stick« zu den großen Attraktionen von Fog City gehört – selbst jetzt noch, da der Abriss droht. Mehr als ein halbes Jahrhundert lang gab er die Bühne für große Sport-Dramen; seine Stars hießen Joe Montana, Jerry Rice, Juan Marichal oder Willie Mays. 1958 wurde die Sportarena in Bay View Heights aus verstärktem Beton und mit 10.000 Parkplätzen erbaut: der erste moderne Baseballplatz der Nation.

1971 wurde er auch zum Heimspiel-Schauplatz der »49ers«, des American-Football-Teams San Franciscos. Hätte man die Wettkampfstätte nur 100 Meter weiter nördlich erbaut, wäre der »Stick« vielleicht nicht zu jenem bitterkalten Windtunnel geraten, als der er gefürchtet war. Selbst das jedoch war Teil des Kultwerts. Ob nun Football oder Baseball: Zu den Spielen zu gehen gehörte zu den Initiationsriten der jungen Leute hier: einmal Eisgebläse und zurück.

2000 schließlich bekamen die Giants ihr eigenes Stadion; die 49ers blieben als einzige Mieter der Park-Arena zurück, bis sie im Herbst 2014 ebenfalls umzogen, nach Santa Clara. Etliche der 49ers-Getreuen glauben noch heute, die Stadt habe damals einen Teil ihrer Seele verloren. Eine Tragödie, mitanzusehen, wie der schweißgeweihte Ort zu profanen Einkaufszentren und Eigentumswohnungen verhunzt wird. Nie wieder werden die jüngeren Generationen die Gelegenheit haben, die schiere Schönheit und Wucht solcher Momente wie jener zu erleben, als Quarterback Joe Montana 1982 eine »Red Right Tight – Sprint Right Option« vorfand und Dwight Clark sich in der hinteren Ecke der Endzone aufhielt. Es war »The Catch«, der das Spiel entschied, den 49ers ihren ersten Super Bowl einbrachte und ein Jahrzehnt einläutete, das magische Sporterfolge krönten.

Apropos: Heute ist das Stadion zum Mekka ganz anderer Sportfans geworden; Wanderer und Radfahrer. Von hier aus allerdings starten auch viele Windsurfer der Bay.

Adresse 490 Jamestown Avenue, San Francisco, CA, 94124 | **ÖPNV** Bus 29, Haltestelle Gilman Ave & Bill Walsh Way | **Tipp** Ein krosses Grillhähnchen zum Energietanken gibt es bei Limon Rotisserie in 5800 3rd Street.

22 — Die Casa Cielo

Das falsche Liebesnest

Sollte es Sie jemals nach Noe Valley verschlagen, werden Ihnen viele hübsche alte Häuser im viktorianischen Stil auffallen, die im frühen 20. Jahrhundert für Arbeiterfamilien gebaut wurden.

Der Charme dieser Schmuckkästchen und die lauen Lüfte (das beste Mikroklima San Franciscos) ziehen meist Familien mit Kindern an. In dieser schläfrigen Gegend fühlt man sich der Stadt wohlig entrückt.

Auf der Spitze des Liberty Hill, einen kurzen, steilen Spazierweg von Dolores Park entfernt, eröffnen sich Ihnen jäh ganz andere Aussichten: Von hier aus hat man einen grandiosen Blick auf die Golden Gate Bridge bis zur City Hall und zur Bay Bridge. Dort auch sticht Ihnen eine imposante Villa im Tudorstil ins Auge. Hinter deren gusseisernem Tor, im Schatten einer Pinie, steht eine kleine Nymphe aus Bronze, die auf einem Sockel balanciert, umgeben von drei Grazien.

Die Casa Cielo wurde 1931 erbaut und diente einer Makler-Legende zufolge dem ehemaligen Gouverneur »Sunny Jim« Rolph und seiner jungen Gespielin Anita Page – die berühmte »Naive« aus Stummfilmen – als Liebesnest. Die Nymphe, so heißt es weiter, sei ein Geschenk Benito Mussolinis an Page gewesen.

Alles nur Schmu: Dem Historic Resource Evaluation Report von 2009 zufolge sieht die Wahrheit anders aus. »Sunny Jim« kaufte das Grundstück 1927 und verkaufte es sechs Wochen später an seinen Sohn, der es wiederum an eine Firma vertickte, an der sein Vater beteiligt war. Das Haus wurde gebaut, und Rolphs Sohn residierte hier tatsächlich kurz. Dann erwarb ein prominenter Augenchirurg das Anwesen. Er war auch jener schwarze Bube, der einen Verwandten des italienischen Diktators operierte, wofür der Duce ihm die Nymphe kredenzte. Daher ist es höchst unwahrscheinlich, dass der »liebestolle« Gouverneur jemals hier gelebt hat, geschweige denn Anita Page, die vielleicht nicht einmal seine Geliebte war. Allerdings hat das Starlet Mussolini getroffen …

Adresse Sanchez Street & 21st Street, San Francisco, CA, 94114 | **ÖPNV** Stadtbahn (Light rail), Haltestelle 22nd St & Church St (J-Church); Bus 33, Haltestelle 18th St & Sanchez St | **Tipp** Zu Weihnachten eine Augenweide: die Festtagsdeko vor dem Haus von Tom und Jerry, einem Paar aus San Francisco, das seit über 25 Jahren seinen Vorgarten verschwenderisch schmückt. Highlight ist eine 20 Meter hohe Norfolktanne (21st Street zwischen Church Street und Sanchez Street).

23 Die chinesische Telefonzentrale

1.500 Namen auf der Zunge

Die frühe Geschichte von San Franciscos Chinatown ist zugleich eine trostlose; oft sind die elenden Details dem Vergessen anheimgefallen. Es sind die Chinesen gewesen, die um die Mitte des 19. Jahrhunderts in der Sierra nach Gold gruben und die transkontinentale Eisenbahn bauten. Zur Jahrhundertwende hin jedoch hatten sich massive Ressentiments gegen die billigen Fremdarbeiter gebildet; grelle Pressegerüchte von Spielhöllen, Opiumhöhlen, Gewalt und Prostitution verschafften den Gesetzgebern den gesuchten Vorwand für eine unverhohlen rassistische Politik.

In jenen Jahren bestand Chinatown aus sechs Häuserblocks; ein turbulentes Viertel, in dem Bandenkriege tobten. Um 1887 gab es hier auch Fernsprecher; die erste chinesische Telefonvermittlung eröffnete 1901 in einem Haus in der Washington Street, dem einstigen Sitz der ersten hiesigen Zeitung, des »California Star«. Das Gebäude ist noch zu besichtigen; heute steht es eingezwängt zwischen einem Nudelimbiss und einem Souvenirladen: eine schmucke dreistufige Pagode.

Anfangs bedienten die Schalttafeln nur Männer; nach und nach jedoch wuchs die Zahl der Frauen in diesem Job. Ihre Nerven schienen der erbarmungslosen Hektik besser standzuhalten. Als die Zentrale nach dem Erdbeben von 1906 wieder öffnete, arbeiteten hier nur noch fleißige Multitaskerinnen; etwa drei Dutzend saßen hier in weißen Kitteln mit baumelnden Ohrringen, während sie flink Verbindungen zusammenstöpselten und wieder unterbrachen. Die größte Herausforderung bestand darin, die 1.500 Namen der Teilnehmer zu behalten, neben Englisch fünf lokale chinesische Dialekte zu beherrschen und mehr als 13.000 Anrufe pro Tag zu bewältigen. 1949, nachdem die Wahlscheibe eingeführt worden war, schloss die Vermittlung. Ins Ungewisse entlassen – und bald vergessen – waren auch die virtuosen Heldinnen aus dem Reich der Mitte.

Adresse 743 Washington Street, San Francisco, CA, 94108 | **ÖPNV** Bus 1, Haltestelle Clay St & Grand Ave; Bus 30, 45, Haltestelle Stockton St & Washington St | **Tipp** Auf der Portsmouth Square Plaza wird an den vielen Tischen öffentlich Schach oder Dame gespielt.

24_ Clarion Alley
Diese Wände können sprechen

In San Francisco beginnt die Geschichte der Wandkunst mit Diego Rivera, den seine Mauerbilder und deren politische Botschaften zur Legende gemacht haben. Einige seiner bedeutendsten Arbeiten sind im City College, dem San Francisco Art Institute (siehe S. 200) oder dem Pacific Stock Exchange zu bestaunen. Er beeinflusste auch die Freiluft-Großformate in Mission District.

Um Riveras Vermächtnis zu würdigen – heute in den Händen einer neuen Künstlergeneration, die seinen Namen oft gar nicht mehr kennt –, besuchen Sie am besten Clarion Alley. Das Sträßchen verbindet Mission District mit Valencia Street, zwei völlig unterschiedliche Viertel. In Mission leben Latinos, die hier bis zum Technikboom in den späten 1990ern vorwiegend ansässig gewesen sind. Valencia Street hingegen firmiert mittlerweile als Nobelmeile; hier shoppen betuchte Hipster.

Das Gässchen selbst ist eng, nur 140 Meter lang, und seine Wandgemälde sind von schwankendem künstlerischen Wert. Nicht zuletzt darum bietet die Open-Air-Ausstellung einen markanten Blick auf gewachsene Stadtgeschichte. Einige Bilder etwa huldigen der »Black Panther«-Bewegung oder den Aufständen in der »Compton's Cafeteria« von 1966, dem ersten »militanten schwulen Widerstand« in der Geschichte der USA. Die aktuellsten Kunstwerke spiegeln die Reibungen zwischen den Arbeitern und den wohlhabenderen Pendlern aus Silicon Valley wider: »Bomben auf Luxusbuden!« oder »Steuern für die Reichen!« schreit die Stimme des Volkskünstlers hier. Eine serielle Darstellung mit Botschaft ist auch »Narcania vs. Death« von Mike Reger und Erin Amalia Ruch: Eine Comic-Heroine, die mit der Heroinsucht kämpft, wird durch den Opium-Antagonisten »Arcan« (Naxolon) vor dem Tod durch eine Überdosis gerettet. Im letzten Bild erkennt sie: »Ich weiß nicht, ob das Leben einen Sinn hat. Aber jetzt habe ich wenigstens eine Chance, es herauszufinden.«

Adresse Clarion Alley, San Francisco, CA, 94110 | **ÖPNV** Bus 22, Haltestelle 16th St & Valencia St; Bus 33, Haltestelle 18th St & Valencia St; Bus 49, Haltestelle Mission St & 18th St | **Tipp** Wer pikante asiatische Gerichte liebt, sollte sich das hochgelobte »Mission Chinese Food« in 2234 Mission Street um die Ecke nicht entgehen lassen. Mit Warteschlangen ist zu rechnen.

25__Der Condor Club

Tod durch Klavier

Laster und Endstationen der Sehnsucht: Dafür war San Francisco einst berühmt. Stets hat das Zentrum der Skandale in North Beach entlang der Broadway Street gelegen – mit seiner Phalanx von »Nudie Houses«, Sexshops und Beat-Nachtclubs wie dem »Hungry i« (i wie intellektuell oder Identität). Bill Cosby fing hier an, Lenny Bruce und Mort Sahl waren Stammgäste.

Mittlerweile hat die Aufwertung des Viertels zu weniger, dafür vornehmeren Striplokalen wie Showgirls oder Larry Flynt's Hustler Club geführt. Unterdessen ist aus dem kultigen »Hungry i« drei Türen weiter der »Hungry I Club« geworden, eine billige Blankzieh-Kaschemme, bei der das »I« eher für ein dumpfes »Ich« stehen mag.

Der König aller Nackt-Clubs auf der Broadway Street jedoch war mit seinem nostalgischen French-Quarter-Flair stets das Condor: 1964 erste Topless Bar der USA, 1969 die erste mit unten ohne. Carol Doda (geboren 1937), die am San Francisco Art Institute studierte, avancierte zum Star der Show. Nach 44 Silikon-Injektionen blieben ihre Brüste im kollektiven Gedächtnis als »die neuen Twin Peaks von San Francisco« hängen. In den Achtzigern begann ihre Nummer stets damit, dass sich ein Flügel von oben herabsenkte, und endete damit, dass Carol sich bis auf ihren Monokini entblößte.

In jenem Condor, das mittlerweile Nackt-Akrobatik mit konventionellem Sport kombiniert, kam es 1983 zu einem bizarren Zwischenfall: Eines Abends nach Ladenschluss war einer der Türsteher mit seiner Freundin auf dem berühmten Flügel zugange, als sich Letzterer plötzlich zu heben begann und das Paar an die Decke presste. Während seine Freundin unter ihm eingeklemmt war, erstickte der Türsteher kläglich. Erst am nächsten Morgen entdeckte der Hausmeister das pikante Stillleben. Es dauerte drei Stunden, bis das Mädchen aus seiner Zwangslage befreit war. Der weiße Flügel hingegen schwebt noch immer dort droben über der Bühne. Es wird erzählt, dass dieser Club im hinteren Teil noch eine geheime Bar verborgen hält.

Adresse 560 Broadway Street, San Francisco, CA, 94133, www.condorsf.com, Tel. +1.415.781.8222 | **ÖPNV** Bus 8X, Haltestelle Columbus Ave und Broadway Street; Bus 12, Haltestelle Pacific Ave und Grant Ave; Bus 30, Haltestelle Stockton Street und Columbus Ave | **Öffnungszeiten** täglich 12–2 Uhr | **Tipp** Das historische »Vesuvio cafe« liegt nur einen Block entfernt in der 255 Columbus Avenue. Die Bar wurde von vielen Persönlichkeiten der Beat Generation frequentiert, darunter Jack Kerouac, Bob Dylan, Dylan Thomas und Francis Ford Coppola.

26 Der Cow Palace
Von Muh bis Who

Das San Francisco des Jahres 1915 muss man sich im Grunde noch als Kuhkaff vorstellen. Die Nutztierausstellung auf der Pan Pacific International Exposition im gleichen Jahr war so populär, dass die Stadtväter an eine permanente Vieh-Messe dachten. Ursprünglich sollte das Gelände in Marina District aufgebaut werden; die Große Depression jedoch machte einen ebenso großen Strich durch die Rechnung. »Warum«, so fragten Leitartikler, »soll in einer Zeit, in der Menschen verhungern, Geld für einen Vieh-Palast draufgehen?« Daher der Name: Cow Palace.

Das vorgesehene Grundstück wurde zu einem Projekt der Arbeitsbeschaffungsbehörde umgedeutet; auf der Baustelle brachte man Tausende in Lohn und Brot. 1941 schließlich war der »Cow Palace« fertiggestellt – nicht in Marina District, sondern im Süden der Stadt an der Geneva Avenue. Sein Dach aus Stahl und Beton zieht sich über zweieinhalb Hektar; im Zweiten Weltkrieg der ideale Truppenübungsplatz für die Gefechte im Pazifik.

Später tobten hier ganz andere Schlachten: Mit seinen 16.500 Plätzen diente der Bau als Basketballhalle, Revuebühne der Eiskunstläufer, als Schauraum für Nutztier- und Bootsausstellungen, Rollschuh-Derbys, die US-Boxmeisterschaften im Schwergewicht oder den Barnum & Bailey Circus.

Im Palace legten auch die Beatles mit ihrer ersten Nordamerika-Tour los; alle namhaften Gruppen der Ära spielten hier, einschließlich Prince, Nirvana, The Who. Letztere schrieben sich in die Annalen der Stadt ein, als Drummer Keith Moon 1973 nach zu vielen Dosen Pferde-Tranquilizer von seinem Trommelstuhl kippte und durch einen Fan aus dem Publikum ersetzt wurde.

Heute wird die Halle vom Zirkus und der Golden Gate Kennel Club Dog Show bespielt; ebenso populär ist die jährliche Body Art Expo, die viele Besucher mit einem neuen Tattoo oder dem gerade angesagtesten Piercing verlassen.

Adresse 2600 Geneva Avenue, Daly City, CA, 94014, www.cowpalace.com, Tel. +1 415.404.4100 | **ÖPNV** Bus 8X, 9, Haltestelle Santos St & Geneva Ave | **Tipp** Folgen Sie dem Philosopher's Way oberhalb des Cow Palace und genießen Sie gigantische Flächen unberührter Natur. Starten Sie vom Parkplatz südwestlich der Kreuzung Mansell Street und Visitation Avenue aus.

27_Creativity Explored
Kunst für alle

San Francisco, das ist eine Geschichte des Neuen, des Experimentellen, des Progressiven und folglich auch eine Geschichte der Proteste – wie etwa die 25-tägige Besetzung eines Regierungsgebäudes im Jahr 1977 zwecks Unterstützung einer neuen Behindertengesetzgebung. Ein Meilenstein, der den »Americans with Disabilities Act« – die tatsächliche Umsetzung 13 Jahre später – überhaupt erst mit ermöglichte. Alles dies ist Zeichen eines wachsenden Bewusstseins für Menschen mit Handicaps aller Art, wie es sich auch in den Künsten ausdrückt.

Seit vielen Jahren sponsern das Paul K. Longmore Institute on Disability an der San Francisco State University (»Forschungsinstitut für Behinderungen«) und das San Francisco Lighthouse for the Blind (»Leuchtturm für Blinde«) ein Event namens »Superfest«; das älteste Festival seiner Art weltweit.

Und dann gibt es da noch Creativity Explored – »wo Kunst das Leben verändert«. Mit kleiner Galerie vorn und großem Atelier hinten widmet sich die Non-Profit-Organisation Künstlern mit Entwicklungsstörungen, indem sie deren Werke mitinspiriert, ausstellt und verkauft. In Mission District gelegen, gehört sie zum buchstäblich Sehenswerten abseits der ausgetretenen Pfade – wie in San Francisco häufig. Gegründet wurde die Initiative, die »Kreativität erkunden« will, von Florence Ludins-Katz and Elias Katz 1983. Hier lehren auch Profis und vermitteln den Umgang mit Medien und neuen Techniken. Workshops bieten Unterricht in Zeichnen, Malen, Textildesign, im Experimentieren mit Druckmethoden, Pappmaschee, Karten und Skulpturen aus Objets trouvés. Über Vorerfahrungen brauchen Teilnehmer nicht zu verfügen; es genügt die Lust am Versuch.

Oft sind die hier entstandenen Werke von ganz außergewöhnlichem Charakter und die Vernissagen überfüllt. Einige der Künstler haben es gar bis in konventionelle Museen geschafft. Die Galerie ist einen Besuch wert.

Adresse 3245 16th Street, San Francisco, CA, 94103, www.creativityexplored.org, Tel. +1 415.863.2108 | **ÖPNV** Bus 22, Haltestelle 16th St & Guerrero St | **Öffnungszeiten** täglich 10–17 Uhr | **Tipp** Bis zur immer proppenvollen Pizzeria Delfina (3611 18th Street) ist es nur ein Katzensprung. Craig Stoll serviert hier seine extradünne und -knusprige Pizza.

28__Crissy Field

Unter der Brücke

Crissy Field ist wie ein verlorenes Puzzlestück. Mit seinen 52 Hektar erstreckt es sich entlang der Bucht vom St. Francis Yacht Club zweieinhalb Kilometer nach Westen bis nach Fort Point, jener lichtscheuen Festung aus dem Bürgerkrieg unterhalb des Stützpfeilers der Golden Gate Bridge. Richtig: Dort rettete James Stewart in Hitchcocks »Vertigo« die lebensmüde Kim Novak. Die genaue Stelle allerdings ist nicht zu sehen; sie wurde nach 9/11 abgesperrt.

1919 wurde der ehemalige Meeresarm Teil des Viertels Presidio und zu einem Militärflugplatz ausgebaut; Verwendung fanden bei der Geländeauffüllung auch Risikomaterialien. Seinen Namen erhielt der Grund von Major Dana H. Crissy, der in jenem Jahr bei einem transkontinentalen Übungsflug abstürzte.

Erst 1994 lüftete sich der Schleier des Düsteren über der Gegend etwas: Der National Park Service nahm sich des Flugfeldes an, und aus Menschenwerk wurde wieder Marschgebiet, genauer: eine große Grasfläche, heute Heimat von »Flugmaschinen« wie Fischreihern, Raubseeschwalben oder Braunpelikanen. Die Hangars beherbergen Privatunternehmen wie den Trampolinpark House of Air oder eine Kletterwand.

Das Feld selbst verdient sich seine Lorbeeren mit seinem Blick auf die Schicksalsbrücke. Ebenso sehenswert: die Windsurfer, die vom Ufer aus lossegeln. Stillstand ergänzt die Dynamik; hier werden auch – nächste Lorbeeren – imposante Skulpturen in Gischt-Ambiente ausgestellt.

2013 orchestrierte hier Regisseurin Lisa Bielawa ein 60-minütiges Happening, das 800 Musiker umfasste. Zuvor hatte sie dasselbe Event im ehemaligen Flughafen Tempelhof in Berlin steigen lassen. Die Musiker wurden in Gruppen aufgeteilt, die sich allmählich aus der Mitte entfernten und dabei ihre jeweils unverkennbare »Leitmelodie« spielten, nicht unähnlich Christos Werken. »Er würde es ›sanfte Störung des Raums‹ nennen«, sagt Bielawa.

Adresse 603 Mason Street, San Francisco, CA, 94129, www.parksconservancy.org/programs/crissy-field-center | **ÖPNV** Bus 30, Haltestelle Divisadero St & Chestnut St; Bus 30X, Haltestelle Beach St & Divisadero St | **Tipp** »Warming Hut« auf der Westseite von Crissy Field bietet an kalten Tagen mit Heißgetränken und Snacks die richtige Aufwärmung.

29 Bei Dashiell Hammett

Wo der Malteser Falke abhob

Erster Meister des Noir-Krimis war Dashiell Hammett (1894–1961), der hier von 1926 bis 1929 im dritten Stock über einer Münzwäscherei wohnte. Während dieser Zeit entflossen seiner Feder »Rote Ernte«, »Der Fluch des Hauses Dain« und »Der Malteser Falke«. Die Verfilmung letzteren Romans kurbelte die Karriere eines Regisseurs namens John Huston und diejenige eines Schauspielers namens Humphrey Bogart, der den charakterlosen Deppen Sam Spade gab, erst so richtig an.

Hammet, ein hochgewachsener Mann mit weißem Haar und dunklen Augenbrauen – rein optisch ganz Aristokrat –, wurde durch seine Kriminalromane berühmt, ist aber auch als unermüdlicher politischer Aktivist in Erscheinung getreten. Seine Verbindung zur kommunistischen Partei bescherte ihm 1951 gar eine Haftstrafe. Wenige Jahre später fand er sich auf der schwarzen Liste Hollywoods wieder. Dann schlug die Krankheit zu: Im Ersten Weltkrieg hatte er sich mit Tuberkulose angesteckt; Jahrzehnte des Kettenrauchens und unerbittlichen Trinkens hatten seinen Zustand nicht verbessert. Es war seine Freundin und Genossin, die Dramatikerin Lillian Hellman, die ihn bis zum Tod pflegte, ihm das Dinner servierte und ihm seinen Martini dazustellte. Sie nannte ihn einmal »Dostojewskis heiligen Sünder«.

Die Gegend um die Post Street, in der Hammett lebte, war damals heruntergekommen und schäbig. Heute ist sie eher blanche als noire und glänzt vor hochpoliertem Bling.

Der Dichter und sein Detektiv vom Hardboiled-Schlag wohnten in Apt. 401, das an der Nordwestecke des Hauses liegt: eine bescheidene Bleibe mit einem Schrankbett und einer Küche von der Größe eines kleinen Teppichs. Der aktuelle Mieter scheint das literarische Wohnklo liebevoll restauriert zu haben. Zu Ehren des 75. Jahrestages des »Malteser Falken« haben Freunde der »Libraries USA« eine Wandplakette am umzäunten Eingang des Gebäudes angebracht. Simple Inschrift: »Heim von Dashiell Hammett und Sam Spade«.

Adresse 891 Post Street, San Francisco, CA, 94109 | **ÖPNV** Bus 2, 3, Haltestelle Post St & Hyde St | **Öffnungszeiten** nur von der Straße aus zu sehen | **Tipp** Für einen leckeren Brotpudding im Louisiana-Stil halten Sie sich an Hooker's Sweet Treats in 442 Hyde Street.

30 Die F-Line

Zwischenstation Sehnsucht

Während sich die kleinen Kabelbahnen abmühen, es »halbwegs zu den Sternen« zu schaffen, wie es in Tony Bennetts Klassiker heißt, verlassen sich die meisten Einheimischen auf das Bus- und Straßenbahnnetz, bekannt als MUNI. Obwohl es gut genug ausgebaut ist, um ein Leben ohne Auto zu ermöglichen, ist es ebenso berüchtigt für seine Verspätungen, Pannen und Ausfälle. Kritiker sprechen vom »Italien-Komplex« San Franciscos; gemeint ist der scharfe Gegensatz zwischen der verschwenderischen Schönheit der Stadt und ihrer weniger glanzvollen Verwaltung.

Einen Lichtblick im MUNI-Nebel gibt es jedoch: die knapp 10 Kilometer lange F-Line – ein 1995 eingerichteter Nostalgie-Service aus fahrenden Denkmälern, der eine wesentlich schnellere Buslinie ersetzte. Ihre Züge formieren sich aus Vintage-Waggons historischer Straßenbahnen weltweit; jeder trägt den Namen seiner Herkunftsstadt noch immer im Fenster.

Ein ganzes Panorama von Retro-Designs entfaltet sich vor dem Betrachterauge: Der Art-déco-»Torpedo« aus den Fünfzigern etwa erinnert an einen zweifarbigen Ferragamo-Schuh, während die berühmten Peter-Witt-Wagen in kultigem Orange leuchten. Bahndesigner Witt war für sein »rebellisches« und »freimütiges« Temperament berühmt – exakt wie San Francisco. Neu an seinen Wagen war der schaffnerbewachte Ausstieg in der Mitte; Passagiere konnten nun vorn einsteigen und erst weiter hinten oder beim Aussteigen zahlen.

Die F-Line befördert Anwohner wie Touristen gleichermaßen, während sie von Market Street durch Downtown – an Tenderloin und dem Palace Hotel vorbei – hinunter zum Fähren-Terminal »Ferry Building« zockelt und dann eine Westkurve die Piers entlang der Küstenstraße The Embarcadero bis zur Fisherman's Wharf beschreibt.

Die nostalgische Eleganz der Triebwagen beschwört eine Zeit herauf, in der das Betreten einer Stadtbahn noch eine veritable Reise bedeutete – und nicht nur die Sehnsucht nach der Endstation.

Adresse Eingang in Richtung Fisherman's Wharf, Ausgang in Richtung Castro District, San Francisco, CA, www.sfmuni.com/F | **Tipp** Das Ticket kostet standardisierte 2,25 Dollar. Auch Clipper-Cards (Chipkarten) werden akzeptiert.

31__Flora Grubb Gardens
Blühende Fahrräder

Flora Grubb Gardens liegt in einer Gegend, die bis vor Kurzem noch als soziale wie ästhetische Niederung galt, sich mittlerweile jedoch zum Hätschelkind der Stadtverschönerer gemausert hat. Dennoch ist das Viertel jenseits der 3rd Street noch immer eher für Tote als für Tulpen bekannt.

Die 260 Quadratmeter große Gärtnerei umfasst eine Espressobar und gibt Vorträge über »grüne« Architektur, hängende Gärten oder innovatives Landscaping. Die Auswahl an Pflanzen ist überwältigend: Palmen, japanischer Ahorn, Sukkulenten, Sträucher, Gräser, alle in geschmackvollen Gefäßen und unkonventionellen Halterungen dargeboten – wie etwa in schwebenden Fahrrädern oder einem alten Ford Edsel. Die zahlreichen Hänge-Arrangements geben dem Ort die Aura einer lebendigen Kunstgalerie. Auch auf Zusammenarbeit wird großer Wert gelegt: Hier stellen viele Kunsthandwerker ihre ureigenen Kreationen aus, deren Magie jede Erinnerung an ein schnödes Gartencenter tilgt.

Die kleine Kaffeetheke wird von der Rösterei Ritual Coffee betrieben; Ihren Latte können Sie an den Cafétischen oder auf dem beheizten Kunststeinsofa zu sich nehmen. Sie werden nicht wieder aufstehen wollen.

Flora Grubb – das ist nicht nur die Gärtnerei und Baumschule, das ist vor allem eine Frau mit einer tiefen Liebe zu allem, was wächst; um diese Grün-Oase kümmert sie sich seit ihrer Eröffnung 2007 Tag und Nacht. In einem Interview mit Innenarchitektin Grace Bonney beschrieb sie ihre Mission so: »Ich möchte Menschen dabei helfen, Gärten anzulegen, die sie lieben … und dass diese Verbindung zur Natur sie dazu anregt, sanfter mit unserem Planeten umzugehen. Es ist mein Wunsch, dass mehr und mehr Menschen in ihren Gärten Heiligtum, Meditations- und Zufluchtsort sehen und eine Liebe zu allem entwickeln, was wächst. Eine, die sie nie mehr verlässt.«

Adresse 1634 Jerrold Avenue, San Francisco, CA, 94124, www.floragrubb.com, Tel. +1 415.626.7256 | **ÖPNV** Bus 23, Haltestelle Jerrold Ave & Phelps St | **Öffnungszeiten** Mo–Sa 9–17 Uhr; So 10–17 Uhr | **Tipp** »Bayview Rise«, ein kühnes Wandbild auf einem 57 Meter hohen Getreidesilo, finden Sie an Pier 92, jenseits der 3rd Street.

32__Forbes Island und die Taj Mahal

Anwesen mit Schiffsschraube

Zwei Berühmtheiten zu Wasser hat die Hausbootkultur der Bay Area hervorgebracht. Die eine verkleidet sich als Taj Mahal, die andere als Mini-Ausgabe von »Gilligans Insel« aus der gleichnamigen Sitcom. Beide sind in einer Werft in Sausalito von einem exzentrischen Millionär namens Forbes Thor Kiddoo gebaut worden.

Den Schreiner aus Brooklyn Heights hatte es ins County Marin verschlagen; dort entwickelte er einen ausgeprägten Schiffstick und gründete eine zeitgeistige Firma, die Wohnkähne baute. In den 1960ern und frühen Siebzigern nämlich waren schwimmende Eigenheime der letzte Schrei. Kiddoo entwarf mehr als 100 Wasserpaläste, bevor er wegen veränderter Bestimmungen dichtmachen musste.

Fünf Jahre und rund eine Million Dollar steckte er in eine 30 mal 15 Meter große und 700 Tonnen schwere »Insel«, die 1980 vom Stapel lief. Das ursprüngliche Design umfasste drei herrschaftliche Räume, alle mit Bad und Wasserfall, der sich in einen Whirlpool ergoss. Die Türen waren ohne Nägel gearbeitet, und die Bullaugen stammten von berühmten Schiffen. Massen von Gestein, Sand und Mutterboden erlaubten gar die Anpflanzung von Palmen – neckisch umfriedet von einem weißen Lattenzaun. Das Highlight jedoch war ein 12 Meter hoher Leuchtturm, der »einzig privat errichtete der USA«. Dem Anwesen mit Schiffsschraube widmete sich ein Feature der »Lifestyles of the Rich and Famous«; bis 1990 lag es in der Bucht. Später wandelte Kiddoo es in ein Restaurant um, das nun an Pier 39 festgemacht hat.

Seine andere Schöpfung, die Taj Mahal, ankert in der Richardson Bay und gemahnt in etwa an das Original: eine Orgie aus Arabesken, Gewölben, Säulengängen und Fiberglaskuppeln. 1970 wurde das wasserdichte Mausoleum als zweistöckiges Luxusheim von 420 Quadratmetern konzipiert, komplett mit Sauna, Spa und geheizten Kacheln. Beide Kitschburgen gelten als »typisch Sausalito«.

Adresse Taj Mahal, Pier in Johnson Street, Sausalito, CA, 94965; Forbes Island, zwischen Piers 39 und 41, San Francisco, CA, 94133, www.forbesisland.com/home.html, Tel. +1 415.951.4900 | **ÖPNV** Taj Mahal: vom San Francisco Ferry Building aus die Sausalito Ferry nach Sausalito nehmen, ein paar Blocks nördlich gehen bis zum letzten Pier an der Johnson Street, Forbes Island: Straßenbahn/Streetcar: Embarcadero & Stockton St (F-Line) | **Öffnungszeiten** Taj Mahal täglich 17–21 Uhr; Forbes Island öffentlich nicht zugänglich, nur vom Pier aus zu besichtigen | **Tipp** In Sausalito lohnt ein Spaziergang um Schoonmaker Point herum; köstlichen Lunch serviert das französische Restaurant Le Garage.

33 Das Foreign Cinema

Amerikanische Nacht

Über viele Jahre galt Mission District als kulturelle und ökonomische Enklave der Spanisch sprechenden Bevölkerung, deutlich abgegrenzt vom Rest der Stadt und bekannt für seine Taquerias, die niedrigen Mieten und das jährliche Carnaval Festival. Ein gefährliches Pflaster auch, besonders entlang Mission Street und um Garfield Square. Mitte der 1990er Jahre waren hier die Reviere der Nortenos und Surenos noch in Rot und Blau markiert; heute sind die Gangs Vergangenheit, die Kriminalitätsrate ist gesunken. Als Folge des Technikbooms Mitte der Nullerjahre hat eine Gentrifizierung des Viertels stattgefunden.

Ein Zeichen des Wandels ist die Zahl der Tanzstudios, Bürolofts und hypertrendigen Restaurants, die in einer Stadt voller Michelinsterne um die kostbare Aufmerksamkeit buhlen. Besonders verrückt ist man derzeit nach dem Foreign Cinema, das 1999 aufmachte. Dank der exzentrischen und zugleich feinen Kombination aus Küche, Kunst und Film mauserte sich das Lokal zum Darling der Szene. Die kalifornisch-mediterrane Karte wechselt ständig; Regie führt dabei das Inhaber- und Küchenchef-Duo Gayle Pirie and John Clark.

Die Fassade mit der 50er-Jahre-Kinomarkise über ungepflegtem Bürgersteig – nur ein paar Türen vom vernagelten New Mission Theater entfernt – verrät nichts vom stylishen Interieur. Drinnen werden Filme auf die Zementwand eines Hofes geworfen; vor den laufenden Bildern lässt es sich gepflegt dinieren oder einen Cocktail schlürfen. Die allabendlich gezeigten Streifen reichen von ausländischen Produktionen über Indie-Filme bis zu Noir-Klassikern wie »Der Malteser Falke« oder Werken Truffauts. Die angrenzende Galerie »Modernism West« befindet sich im Besitz des renommierten Sammlers Martin Muller, der die Crème de la Crème der Kunstwelt ausstellt, darunter Mel Ramos und Mark Stock. Eine Empfehlung für Fans einer durch und durch »Amerikanischen Nacht«.

Adresse 2534 Mission Street, San Francisco, CA, 94110, www.foreigncinema.com, Tel. +1 415.648.7600 | **ÖPNV** Bus 14, 49, Haltestelle Mission St & 22nd St | **Öffnungs-zeiten** täglich 17.30 – 23 Uhr, Sa und So Brunch von 11 – 14.30 Uhr | **Tipp** Nach dem Dinner vertanzt sich die amerikanische Nacht wunderbar zu afrikanischen Beats im Little Baobab um die Ecke in der 3388 19th Street.

34 __ Fort Funston
Der Sog der Tiefe

Fragen Sie Menschen, die hier schon lange leben, was sie an San Francisco so unwiderstehlich finden, werden sie oft zu hören bekommen: die wilden Gegenden entlang der Küste. Einheimische wissen nur zu gut, dass die Stadt nur schöner Schein ist, ein bedrohter Außenposten der Zivilisation auf einer schroffen Halbinsel, von Wind und Wetter umtost.

Nirgendwo ist die Wildnis unter dem dünnen Firnis unserer Kultur greifbarer als in Fort Funston; auf 60 Meter hohen Klippen thront die Festung über dem Pazifik, schräg gegenüber dem Golfplatz des Olympic Club. In den Weltkriegen diente das Fort als Verteidigungsanlage; im Kalten Krieg probten hier Nike-Flugabwehrraketen den Ernstfall.

Heute verlieren sich Wege in alle Richtungen, winden sich hinab durch Bäume und Küstensträucher und schlängeln sich durch befestigte Tunnels hindurch, die einst Artillerie beherbergten.

Bevorzugt von diesen Klippen stürzen sich Kaliforniens Hängegleiter in die Tiefe; besonders im März und Oktober, wenn die Brise stärker wird. Der Absprung der Drachenflieger liegt am westlichen Ende des Parkplatzes; eine Beobachtungsplattform mit Bänken gewährt einen grandiosen Blick auf die geflügelten Menschen, wie sie Anlauf nehmen, springen und sich vom Wind tragen lassen. An manchen Nachmittagen sind ein Dutzend oder mehr Beschwingte am Himmel zu beobachten, wie sie ihre Loops in Slow Motion zwischen dem Blau des Himmels und dem des Wassers in die Luft schreiben.

Eine lange Treppe mit Geländer führt hinunter zum Strand, wo man bei Ebbe ein ganzes Stück hinauswaten kann. Vogelfans werden Hunderte Nester von Uferschwalben entdecken, die an den Steilklippen kleben. Auch Vierbeinern begegnet man – Reitern und Menschen mit Hunden: Hier darf man sie ausnahmsweise von der Leine lassen. Die Brandung allerdings ist tückisch und voller gefährlicher Strömungen. Und nicht vergessen: Wer den anstrengenden Weg über die lange Treppe hinuntergelaufen ist, muss sie auch wieder hochlaufen!

Adresse 206 Fort Funston Road, San Francisco, CA 94132, www.nps.gov/goga/planyourvisit/fortfunston.htm | **ÖPNV** Bus 18, Haltestelle John Muir Dr & Skyline Blvd | **Tipp** Es ist fast immer stürmisch hier oben, ein Windbreaker ist ein Muss. Für einen atemberaubenden Blick halten Sie an der Holzplattform neben dem Parkplatz.

35__Das Frank Lloyd Wright Building

Ein Kurvenreich

Die Welt ist voller »Maiden Lanes«, jede einzelne von ihnen mit ihren Widersprüchen und historischen Brüchen. So gibt es die Londoner Maiden Lane in der Nähe von Covent Garden – ursprünglich war sie ein für den Mistgestank der Lasttiere bekanntes Pflaster. Oder die Maiden Lane in Manhattan, einst Seufzergässchen turtelnder Paare, später – von 1795 bis um 1900 – Zentrum des Juwelierviertels.

San Franciscos Maiden Lane jenseits des Union Square ist nach der New Yorker Namensvetterin benannt. Zuvor jedoch, im späten 19. Jahrhundert, hatte sie noch Morton Street geheißen und bildete die Lebensader der Barbary Coast, jenes Viertels, in dem die Sitten rau waren und das Faustrecht galt – bekannt für einen Mord wöchentlich und Bordelle, die Unterweltkönig Jerome Bassity betrieb. Er trug drei Goldringe an jeder Hand und hatte 200 Schäfchen laufen.

Heutzutage spielt sich das Geschäft mit der Verführung eher in der Überwelt ab; geshoppt werden Chanel, Marc Jacob oder Yves Saint Laurent in Nobelboutiquen; am Latte nippt frau in poshen Straßencafés, während »der Operntenor der Maiden Lane«, ein beleibter Herr namens Robert Close, seine Arien schmettert.

In manchen Guides wird die Straße als zwei Blocks umfassende Mall gelistet, doch ist dies irreführend, denn in dieser Einkaufsmeile geht es europäischer, in diesem Sinne charmanter und stimmungsvoller zu. Hier steht auch das einzige Gebäude Frank Lloyd Wrights in San Francisco; Nummer 140 betritt man durch einen vielfach gewölbten Eingang in einer lohfarbenen Fassade. Das Interieur erinnert an den Spiralgang des New Yorker Guggenheim Museums; manchen gilt das 1948 errichtete Gebäude als dessen Prototyp. Durchscheinende Leuchtkugeln schweben über gerundeten Räumen und Rampen. Ein Ort der Kunst: Heute residiert die Xanadu Gallery in diesem Kurvenreich.

Adresse 140 Maiden Lane, San Francisco, CA, 94108, www.xanadugallery.us, Tel. +1 415.392.9999 | **ÖPNV** Bus 2, 3, Haltestelle Post St & Grant Ave | **Öffnungszeiten** Xanadu Gallery, Di–Sa 10–18 Uhr | **Tipp** Um die Ecke liegt das 49 Geary Building, das drei Etagen Kunst und Fotogalerien beherbergt. Jeden ersten Donnerstag im Monat sind viele der Galerien bis spät für Neugierige geöffnet.

36 ___ Die Gallery 6
Alptraumsequenz

Alfred Hitchcocks Thriller »Vertigo« von 1958 ist fast ausschließlich in San Francisco gedreht worden. Freunden des »Meisters der Spannung« sind noch viele der Originalschauplätze zugänglich: Das Empire Hotel, in dem James Stewart auf die ewig verführerische Kim Novak trifft, befindet sich noch immer an gleicher Adresse in 940 Sutter Street, heute »Hotel Vertigo«. Selbst Zimmer 501, in dem Novaks sexy Judy wohnt, kann man buchen. Der Blumenladen Podesta Baldocchi, den Novaks nicht weniger erotische Madeleine aufsucht, floriert auch noch immer, wenn auch nicht mehr am Originalort.

Und dann ist da das Museum »Legion of Honor«. In einer besonders quälenden Szene, die hier in den Kasten kam, sitzt Madeleine in der »Gallery 6« sinnend vor dem »Portrait of Carlotta«, einem lebensgroßen Gemälde ihres Ebenbildes. Es kostete Hitchcock eine ganze Woche, bis das Licht stimmte.

Hier sind aber auch Schätze wie die Werke der französischen Barockmaler Claude Lorrain, Georges de La Tour, Louis Le Nain, Eustache Le Sueur und Simon Vouet zu bestaunen; kürzlich kam ein Gemälde von Laurent de La Hyre (1606–1656) hinzu: »Allegory of Geometry«.

Das »Portrait of Carlotta« wurde vom abstrakten Expressionisten John Ferren (1905–1970) gemalt, ging jedoch verloren. Ferren, der auch Stewarts »Alptraumsequenz« in »Vertigo« schuf, besuchte eine Kunstakademie in San Francisco, ging schließlich nach Paris und wurde dort stark von Matisse and Kandinsky beeinflusst.

Das neoklassizistische Museum thront schwindelnd auf den Klippen von Lands End; von hier aus schaut man über den Pazifik, hat die Golden Gate Bridge, im Norden die Marin Headlands und im Süden den Lincoln Park Golf Course im Blick. Das Gebäude – ein Geschenk an die Stadt von Alma de Bretteville Spreckels – wurde 1924 fertiggestellt. Seine zeitlose Eleganz ist inspiriert vom Palais de la Légion d'Honneur in Paris – in etwa so wie Madeleine von Carlotta.

Adresse Legion of Honor, 100 34th Avenue, San Francisco, CA, 94121, www.legionofhonor.famsf.org, Tel. +1 415.750.3600 | **ÖPNV** Bus 18, Haltestelle Legion of Honor | **Öffnungszeiten** Di–Do 9.30–17.15 Uhr | **Tipp** Am Rande des Lincoln Parks – an der Ecke von California Street und 32nd Avenue – treffen Sie auf ein hübsches Jugendstil-Ensemble aus Treppe und Bänken, das erst kürzlich von der Künstlerin Aileen Barr restauriert und handgefliest wurde.

37___Die Gärten von Alcatraz

Reif für die Insel

Die Spitze jener Felseninsel, die aus der San Francisco Bay ragt, liegt nur rund zwei Kilometer von der Küstenstraße entfernt. Auf dem legendären Eiland stehen die Ruinen des einst respekteinflößenden Kult-Knastes, aus dem nur drei Insassen je die Flucht gelungen ist. Wie sie das geschafft – und überlebt – haben, bleibt bis heute ungeklärt: Ein Floß, das man auf Angel Island fand, Fußspuren, unbestätigte Sichtungen der Flüchtigen, Postkarten in der Handschrift der Entflohenen …

Der berühmt-berüchtigte Ausbruch ereignete sich im Juni 1962; im folgenden Jahr schloss das Haus seine ungastlichen Pforten nach 30 Jahren Betrieb. Wer nicht glaubt, dass es sich in diesem Trutzbunker kaum aushalten ließ, mag sich vor Ort überzeugen: Ein Rundgang durch das verlassene Verlies – den Hauptzellenblock, den Speisesaal, die Krankenstation, die Leichenhalle – sollte genügen, um die Folter der Isolation zu spüren, die vom unbarmherzigen Dauernebel, dem harschen Wind und dem Sirenengesang der trügerisch nahen Stadt ausging. Von 1861 an, als die Regierung die Festung von Alcatraz als Militärgefängnis zu nutzen begann, sollte auch das Ästhetische nicht zu kurz kommen. Schöner Büßen sozusagen. 1865 blühten hier viktorianische Gärten auf; in den 1920ern pflanzten Gefangene Hunderte von Bäumen und Sträuchern, legten Terrassen und sogar einen Rosengarten an.

Unter den Zwangsgärtnern war auch ein Münzfälscher namens Elliott Michener, der 1941 versucht hatte, aus dem Leavenworth State Prison zu fliehen, und dafür nach Alcatraz kam. Das Vertrauen der Wärter gewann er schnell, nachdem er einen verlorenen Schlüssel zurückgegeben hatte. Neun Jahre lang kümmerte er sich um die Gärten, baute auch ein Gewächshaus und einen Werkzeugschuppen.

»Wenn wir schon alle Gefangene unserer Verderbtheit sind«, so schrieb er, »dann bin ich froh, hier mit Schaufel und Spaten auch meinen schöpferischen Gaben begegnet zu sein«.

Adresse Alcatraz, San Francisco, CA, 94123, www.alcatrazgardens.org | **ÖPNV**
Die Fähre legt an Pier 33 am Embarcadero ab; die Tickets kosten 30 Dollar. |
Öffnungszeiten 9 Uhr bis in den Abend | **Tipp** Ziehen Sie sich wettertauglich an
und tragen Sie bequeme Schuhe. Der Fußweg um die Insel herum erfordert es,
einige Entfernungen zurückzulegen. Es ist kalt und windig.

38_Die Garnison

Das Pornoschloss

An der Ecke 14th und Mission Street ragt unvermittelt eine rostrot geziegelte Trutzburg ins Blickfeld, eine düstere Festung, die mit der Gotik flirtet und sich obendrein neo-maurische Türmchen leistet: Hier toben sich die mittelalterlichen Sehnsüchte der Stadt aus.

Erbaut wurde das Zeughaus 1912 von einem staatlich beauftragten Architekten in einer ehemaligen Sumpflandschaft, aus der später Woodward's Gardens (1866–1891) erstanden. Zoo, Aquarium und Jahrmarkt inklusive. Ursprünglich residierte hier exklusiv die California National Guard; in den 1920ern boxten sich Profi-Faustkämpfer erfolgreich in die Publikumsgunst. Bald nannte man die ehemalige Rüstkammer den »Madison Square Garden des Westens«.

1976 gab die Nationalgarde das Gebäude auf; die nächsten dreißig Jahre wurde es so richtig dunkel, obwohl hier einige Szenen von »Star Wars« gedreht wurden und die San Francisco Opera vor Ort ihre monumentalen Bühnenbilder bauen ließ. 2007 schließlich – mit erheblichem kommunalen Gegenwind – kaufte ein kleines Porno-Imperium namens Kink.com das geduldige Wahrzeichen für 14 Millionen Dollar und benutzte es als Kulisse fürs Stöhn-Genre.

Die Anlage umfasst Büros und schalldichte Studios samt letzten Schreien in Sachen BDSM und Fetisch. Im Lagerraum zu besichtigen: unzählige Bondage-Seile, die nur der Blick des Connaisseurs zu unterscheiden vermag, sowie ein Laufrad, das Devote durch einen Wassertank schleift. Ein Käfig erinnert an eine kniende Gestalt – mit einem Loch für den Kopf. Die Garderobe umfasst jegliche erdenkliche Sorte von Miniröcken, Wäsche und Stilettos.

Auf Wunsch kommen Aficionados in den Genuss einer Guided Tour durch den fast 20.000 Quadratmeter großen Eros-Komplex. Obwohl keine Live-Drehs zum Paket gehören, zeigen sich Kenner von der Erfahrung tief befriedigt.

Dem Doppelcharakter der Stadt setzt die Garnison ein würdiges Denkmal: Tradition direkt neben Libertinage.

Adresse 1800 Mission Street, San Francisco, CA, 94103, www.armorystudios.com | **ÖPNV** Bus 49, Haltestelle Mission St & 14th St | **Öffnungszeiten** Reservierung für Guided Tours erforderlich. Besuchen Sie tours@armorystudios.com. Ticketpreis 25 Dollar. | **Tipp** In der Nähe, in 2174 Market Street, liegt das historische Cafe Du Nord von 1907. Die ehemalige Prohibitionskneipe diente jahrzehntelang als spärlich beleuchtete Konzertbühne in schäbigem Boudoir-Chic, auf der einst von Neil Young bis zu Mumford & Sons alles spielte. Das Restaurant ist kürzlich neu gestaltet worden, kleinere Konzertbühne inklusive.

39 — Das Gewächshaus

Toxische Verlockung

James Lick war Abenteurer, brillanter Querkopf und eine der prägendsten Gestalten im San Francisco des 19. Jahrhunderts. Als Sohn eines Schreiners wurde er in Pennsylvania geboren; in den 1820ern verschlug es ihn nach Argentinien; dort stellte er Edel-Pianos her. Einmal auch bereiste er Europa; auf der Heimfahrt wurde er von portugiesischen Seefahrern entführt. Er entkam und schaffte es bis nach Kalifornien – gerade rechtzeitig, um sich den Exzessen des Goldrauschs hinzugeben.

Sein Geniestreich bestand darin, zu erkennen, dass der Erwerb von Immobilien in der boomenden Stadt lukrativer war als das Buddeln im Boden. Er kaufte Land, das er in Hotels und Farmen aufteilte, und war bald der reichste Mann Kaliforniens. Da konnte er denn nicht mehr anders, als monumentale Statuen von sich selbst und seinen Eltern zu errichten. Sehr bald jedoch erlöste ihn die Wissenschaftsakademie von seinem Größenwahn und lenkte seine Geschicke auf das hochmoderne Observatorium auf dem Mount Hamilton sowie auf das »Conservatory of Flowers«, eine Nachbildung des Palmenhauses in den Londoner Kew Gardens.

Das Gewächshaus im viktorianischen Stil beherbergt exotische Pflanzen und liegt im Golden Gate Park. Lick starb vor seiner Fertigstellung; das Kalidarium verbrachte Jahre als Bauruine. 1879 schließlich wurde es eröffnet. Dem Erdbeben von 1906 hielt es unbeschadet stand, brannte jedoch zweimal nieder. 1995 zerstörte ein Wintersturm das Glashaus erneut; erst 2003 konnte es wiedereröffnet werden.

Drei Abteilungen beherbergen Orchideen und Lianen, Tropenflora von Bergen und Niederungen sowie Wasserpflanzen: eine Schatzkammer des Betörenden und Bizarren. Ein Highlight: die Kannenpflanze aus Borneo, die in Symbiose mit Ameisen lebt. Der vegetabile Fleischfresser versorgt die Insekten mit Nahrung und Unterschlupf, während die emsigen Krabbeltiere beim Beutefang behilflich sind. Giftrausch statt Goldrausch.

Adresse 100 John F. Kennedy Drive, San Francisco, CA, 94118,
www.conservatoryofflowers.org, Tel. +1 415.831.2090 | **ÖPNV** Bus 5, Haltestelle
Fulton St & Arquello Blvd | **Öffnungszeiten** Di–So 10–16.30 Uhr | **Tipp** Am Martin
Luther King Jr. Drive/Middle Drive East befindet sich der »Garden of Shakespeare's
Flowers«. Hier ausgestellt sind Pflanzen, die in den Gedichten und Stücken des
legendären Barden vorkommen. Witzig ist es, den Namen des Werkes zu raten,
während Sie an den gut 150 Exponaten vorbeischlendern.

40_Der Glen Canyon Park

Klettern mit Kojoten

Diesen Park findet man nicht in Reiseführern. Selbst wenn Sie Einheimische fragen, werden Sie wahrscheinlich so etwas zu hören bekommen wie: »Ach ja, den hatte ich glatt vergessen.« Gefolgt von einem: »Wohl besser so.«

In einer Gegend zu Füßen von Twin Peaks gelegen, führt der Eingang der Grünanlage zu einem Erholungszentrum mit Sportplätzen. Jenseits davon jedoch beginnen knapp 30 Hektar Wildnis: Es folgen teils steile Anstiege, die Eukalyptushaine lichten sich. Pfade folgen einem Bach durch das Gesträuch nach Norden. Die Wände dieses kleinen Canyons sind steil – nicht gefährlich, aber steil. Kletterer üben hier das »Bouldern«, das ungesicherte Bezwingen von Felsen. Ein schöner Spaziergang, den manche eher als leichtere Wanderung bezeichnen würden: Selbst routinierten Läufern gilt es als ausgesprochen fordernd, hier zu joggen.

Die Wanderwege erreicht man von verschiedenen Punkten aus, einschließlich des Freizeitzentrums. Allerdings kann es besonders samstags schwierig werden, einen Parkplatz zu finden, wenn die Kinder Fußball spielen. Die Alternative: sich vom Diamond Heights Shopping Center aus in die Schlucht hinabzuarbeiten.

Der Park fungiert dabei als natürliche Zeitmaschine: Anders als etwa der Golden Gate Park wird diese Anlage nicht gärtnerisch betreut und sieht noch immer so aus wie im späten 19. Jahrhundert. Das Ursprüngliche ist sogar staatlich verordnet, einschließlich strikter Leinenpflicht für Hunde. Entsprechend viele Wildtiere wie Rotschwanzbussard, Virginia-Uhu, Krokodilschleiche oder Kojoten sind hier unterwegs. Viele Warnschilder raten, möglichst viel Lärm zu machen, sollten sich die Tiere auf 15 Meter nähern – was sie selten tun. Meist lassen sie sich nur morgens oder abends blicken. Ist der Augenkontakt einmal hergestellt, werden Sie schnell merken, dass Ihr Gegenüber längst umdisponiert und sich auf den Weg zu einem anderen Date gemacht hat …

Adresse Elk Street & Cheney Street, San Francisco, CA, 94127, www.sfrecpark.org/venue/glen-canyon-park | **ÖPNV** Bus 44, Haltestelle O'Shaughnessy Blvd & Del Vale Ave | **Tipp** Glen Park »Village« um Cheney and Diamond Street herum verströmt Vorstadt-Flair. Es gibt einige Restaurants, eine Bar und eine Bibliothek.

41__Die Glide Memorial Church

Ein Herz für Sodom und Gomorrha

Sie war ihrer Zeit voraus: Lizzie Snyder, 1852 in eine Methodistenfamilie in Louisiana hineingeboren, heiratete in Sacramento den Rinderbaron Joseph Glide und wurde zu einer der wichtigsten Gestalten der damaligen Friedens- und Gerechtigkeitsbewegung. Als der Gatte 1909 starb, führte Lizzie das Geschäft mit Erfolg weiter und kümmerte sich obendrein um ihre Wohltätigkeitsarbeit. 1914 eröffnete sie ein Frauenhaus, 1929 kaufte sie Land in Downtown San Francisco und baute die Glide Memorial United Methodist Church im Herzen von Tenderloin.

Es gibt viele Gotteshäuser in San Francisco; die Stadt ist weit frömmer, als Sie vielleicht vermuten – bedenkt man das Image, das sie bei nervenschwachen Zeitgenossen genießt: Sodom and Gomorrha.

Von allen geweihten Stätten der Golden City jedoch ist diese Kirche diejenige, die jeder, der hier lebt, irgendwann einmal besucht hat, und sei es nur, um dem Gospelchor zu lauschen, wie er leidenschaftlich Hymnen schmettert, oder um die Predigt des charismatischen Pastors und Lokalhelden Cecil Williams zu hören.

Williams erschien 1963 auf dem Plan, ein junger Afroamerikaner voller Inbrunst, Mut und mit einem Herzen so groß wie die ganze Stadt. Er kümmerte sich um jene Mühseligen und Beladenen, die andernorts abgewiesen wurden: um Prostituierte, Black Panther, Widerständler jeder Couleur genauso wie um frustrierte Ehefrauen aus dem Villenviertel Pacific Heights. Ob im Kampf gegen die Armut, Drogen, Aids oder andere Epidemien: Diese Kirche und ihre Pastoren bieten seit Jahrzehnten eine Arche, teilen täglich 2.500 Mahlzeiten an Bedürftige aus, was sich darin widerspiegelt, dass sich die Heimatlosen und Hungrigen gern vor der Kirche versammeln – ohne dass je ein Stein geworfen würde. Wer immer San Francisco als fortschrittlich bezeichnet, redet von diesem Ort.

Adresse 330 Ellie Street, San Francisco, CA, 94102, www.glide.org, Tel. +1 415.674.6000 | **ÖPNV** Bus 27, Haltestelle Ellis St & Taylor St; Bus 38, Haltestelle O'Farrell St & Taylor St | **Öffnungszeiten** Sonntagsgottesdienst um 9 und 11 Uhr | **Tipp** Zwei Blocks weiter in 1020 Market Street serviert Showdogs eine große Auswahl an Gourmet-Hotdogs und hiesigen Bieren. Das Gebäude erkennen Sie vielleicht aus dem Spielfilm von 1994 wieder: »Interview mit einem Vampir«.

42__Das Grün von Tenderloin
Oase statt Huren für Gloria

Tenderloin District, das sind die Innereien San Franciscos, ein schmutzig düsterer Stadtkomplex von rund 50 Blocks, den Geary Boulevard und Union Square im Norden, das Civic Center im Süden, Market Street im Osten und die City Hall im Westen eingrenzen. Sein Name bezieht sich auf ein ähnliches Viertel im New York des späten 19. Jahrhunderts; Werke wie Dashiell Hammetts »Malteser Falke« und William T. Vollmans »Huren für Gloria« setzten ihm ein Denkmal.

Obwohl Verrohung und Gewalt zurückgegangen sind, ist die Gegend noch immer vor allem für ihre Leichen, Peep-Girls, Vorstadt-Freier, Transvestiten, Gangs, Jazz-Größen (wie Brubeck und Monk), Schriftsteller, Schauspieler, Gauner, Ex-Knackis, Vietnam- und Philippinen-Flüchtlinge, Palästinenser mit ihren Eckläden und gestrandete Elendsgestalten bekannt, die sich nicht selten – irre geworden – in den Hotels mit Einzelzimmern verschanzen.

Inmitten dieser urbanen Wildnis liegt eine ganz andere Landschaft: der ironisch so bezeichnete »Tenderloin National Forest«, offiziell bekannt als Cohen Alley, ein schmaler Grünstreifen von gut 7 mal 40 Metern zwischen Hyde and Leavenworth Street. Den Eingang bewacht ein tagsüber geöffnetes Tor aus Schmiedeeisen, hinter dem Ödland und Wüstenei sich in üppiges Laubwerk aus Bäumen, Kräuterbeeten und essbaren Blumen verwandeln. Einen Fischteich umgeben Wandbilder in lebenshungrigen Farben; ein Mosaik ziert den Boden.

Seit 1989 haben die Künstler Darryl Smith und Laurie Lazer von der Luggage Store Gallery das Gässchen peu à peu in eine kleine Oase verwandelt, die sich zwischen Wohnhäuser und Hotels schmiegt. Sie liegt genau am richtigen Ort für öffentliche Kunst – und auch am richtigen Ort für alle, die sich die Hosen flicken oder einen Knopf annähen lassen möchten: An jedem 15. Tag des Monats stopft Michael Swaine hier mit seiner alten Nähmaschine kostenlos Löcher.

Adresse 509 Ellis Street, San Francisco, CA, 94109, www.luggagestoregallery.org, Tel. +1 415.255.5971 | **ÖPNV** Bus 38, Haltestelle O'Farrell St & Leavenworth St | **Öffnungszeiten** Di–Fr 11–15 Uhr | **Tipp** Gönnen Sie sich ein preiswertes, aber leckeres »banh mi« bei Saigon Sandwich (560 Larkin), von der »New York Times« als »vielleicht die besten Amerikas« geadelt.

43__Das grüne Dach
Neunzig Prozent Himmel

Zu den Attraktionen des Golden Gate Parks zählt die »Academy of Sciences«, ein Forschungszentrum, das sich der Biodiversität und der Nachhaltigkeit verschrieben hat und zugleich ein Museum betreibt. Generationen von Kindern sind mit dem Steinhart Aquarium, dem Morrison Planetarium und den beliebten Schaukästen aufgewachsen – mächtige Dioramen mit plastischen Darstellungen der Naturwunder Kaliforniens. Lebensgroße Figuren von Jungfrauen der Ohlone-Indianer etwa paddelten in ihren Schilfbooten an unzähligen Besuchern vorbei, während ausgestopfte Reiher aus dem hohen Gras spähten.

Als die Akademie 2008 umgebaut wurde, verschwanden viele der Tableaus und wurden durch Exponate aus dem richtigen Leben ersetzt – einschließlich eines tropischen Regenwaldes unter einer fast 30 Meter hohen Glaskuppel, eines philippinischen Korallenriffs und eines gut einen Hektar großen Dachgartens mit mehreren Hügeln und einer Vielfalt einheimischer Gewächse. Es wurden solche gepflanzt, die mit wenig Wasser auskommen und Wind, Wetter und Salzbrise trotzen. Gezogen wurden sie in Anzuchtböden aus Kokosnussschalen, was eine gute Durchwurzelung förderte; so halten sich die Pflanzen nun auch in erheblicher Schieflage gegenseitig fest. Das »lebende Dach« sorgt für Kühle und dient als Vogel- und Schmetterlingsweide.

Die Metamorphose vom Museum zum hochmodernen »grünen Haus« nahm der italienische Architekt Renzo Piano vor, zu dessen aufsehenerregenderen jüngeren Arbeiten das Londoner Hochhaus »The Shard« und das Nemo Science Center in Amsterdam zählen.

Sein Geniestreich: »Den Park anzuheben und das Museum tieferzulegen.« Das Gebäude ist aus reyceltem Beton und Stahl errichtet; gebrauchter Denim-Stoff sorgt für Isolierung; die Berieselungsanlage versprüht Regenwasser, und das Licht schickt zu 90 Prozent der Himmel. Die »New York Times«: »Eine tröstliche Erinnerung an die Zivilisierungskraft der Kunst in einem barbarischen Zeitalter.«

Adresse California Academy of Sciences, 55 Music Concourse Drive, San Francisco, CA, 94118, www.calacademy.org, Tel. +1 415.379.8000 | ÖPNV Bus 44, Haltestelle Academy of Sciences | Öffnungszeiten Mo–Sa 9.30–17 Uhr, So 11–17 Uhr | Tipp Jeden Donnerstagabend bei »NightLife« in der Akademie können Sie das Museum erkunden, während Sie an einem Cocktail nippen oder der Musik lauschen.

44__Das Hallidie Building

Mutter aller Wolkenkratzer

In den Nischen und Winkeln von Downtown zeigt sich ein unerwartet urbanes San Francisco, das einen Blick jenseits des »goldenen Kaliforniens« erlaubt: Nennen wir es die »New-Yorkishness« der Stadt oder ihre »Chicagoismen«: In den Stein- und Glasschluchten der Hochhäuser begegnet das Betrachterauge einem ganz anderen San Francisco. Kommerz, Profit und eine strahlende Zukunft beschwört diese Ästhetik. Genau wie Chicago seinen Louis Sullivan, so hatte San Francisco Willis Polk, der Dutzende charakterstarker Bauten hinterließ. Keinem jedoch war in den letzten 100 Jahren ein derart großer Einfluss auf das Erscheinungsbild amerikanischer Städte beschieden wie dem Hallidie Building.

Als das Gebäude 1917 hochgezogen wurde, war es eines der ersten der Welt mit gläserner Vorhangfassade. Bei dieser Bauweise wird die äußere Glaswand direkt am Stahlrahmen befestigt. Mit dieser Erfindung wurde das Hallidie zur Mutter aller heutigen Wolkenkratzer. Obwohl nach aktuellen Maßstäben niedrig, sticht das siebenstöckige Haus mit seinem neogotischen Zierwerk und den Balkonen sofort aus dem Asphaltdschungel heraus.

Durch ein gigantisches Fenster scheint man in eine nicht weniger kolossale Innenwelt zu blicken; hier wird die Absicht der Erbauer besonders transparent, die Arbeitsplätze um Licht und Raum zu bereichern.

Passenderweise befinden sich hier derzeit Büros des »American Institute of Architects«. Das nach dem Cable-Car-Pionier Andre Hallidie benannte Gebäude, das einst der Universität gehörte, ist heute in Privatbesitz. Das Blau und Gold der Stahlverkleidung jedoch erinnert noch immer an seine akademische Vergangenheit.

Da sich im Erdgeschoss eine Postfiliale befindet, ist es leicht, sich einzuschmuggeln und einen Blick auf das Innenleben zu werfen. Von den oberen Etagen der gegenüberliegenden Crocker Galleria aus zeigt sich am eindrücklichsten das Außenleben.

Adresse 130 Sutter Street, San Francisco, CA, 94104 | **ÖPNV** Bus 2, Haltestelle
Post St & Montgomery St; Bus 3, Haltestelle Sansome St und Sutter St; Bus 30, 45,
Haltestelle Stockton St & Sutter St | **Tipp** Nur einen Block weiter steht das Crown
Zellerbach Building, an One Bush Plaza. Es ist San Franciscos erstes Gebäude mit
Vorhangfassade im »internationalen Stil«. Es wurde nur ein Jahr gebaut, nachdem
Mies van der Rohe und Philip Johnson diese Bauweise mit dem Seagram Building
in der Park Avenue in New York City perfektioniert hatten.

45_Das Haus der Tessie Wall
Schießwütige Halbwelt

Zu den prominenteren Halbweltdamen von Barbary Coast, dem Rotlichtviertel des 19. Jahrhunderts, zählte Ah Toy, eine kostspielige chinesische Kurtisane – und Sklavenhändlerin. Weiter gab es Mary Ellen Pleasant, eine Afrikanerin, »Voodoo Queen« genannt, die ein Bordell betrieb und einen Bankier heiratete. Einen Namen machte sie sich als eine der ersten Kämpferinnen für die Bürgerrechtsbewegung.

Ebenfalls berühmt-berüchtigt: »Belle«, Geliebte des Spielers Charles Cora. Eines Abends 1855 nahm er sie mit ins Theater. Ein U.S. Marshal störte sich an Belles Anwesenheit. Cora jedoch weigerte sich zu gehen und erschoss den Marshal drei Tage später. Ein Gerichtsverfahren endete mit einer aufgeknüpften Jury, was wiederum einen Aufstand verursachte, den der Journalist James King anzettelte. Als King seinerseits von einem Lokalpolitiker gemeuchelt wurde, formierte sich das verrufene »Committee of Vigilance« von 1856, um die Gerechtigkeit wiederherzustellen. Die erste Maßnahme bestand darin, Kings Mörder und Cora hinzurichten; Letzterer heiratete Belle kurz vor der Exekution.

Die legendärste aller zweifelhaften Damen jedoch war Tessie Wall (1869–1932), ein Mädchen irischer Herkunft mit blauen Augen, blondem Haar und einem ironischen Lächeln, das mühelos Kerle unter den Tisch trank. Der erste Gatte starb früh und ließ sie mit Kind und ohne Geld zurück. Später eröffnete Tessie einen Nobel-Puff, ehelichte den Politiker Frank Daroux und residierte in einem großzügigen Anwesen, das sie mit antiken Möbeln vollstellte. Als Daroux sie zu nötigen versuchte, ihr einträgliches Gewerbe aufzugeben, weigerte sie sich. Er reichte die Scheidung ein und bandelte mit einer anderen an, woraufhin Tessie drei Mal auf ihn schoss. Er überlebte, verzichtete jedoch darauf, gegen sie vorzugehen. Als die Cops fragten, warum sie die Tat begangen habe, erwiderte Tessie: »Weil ich ihn liebe, den verdammten Hurensohn!«

Adresse 535 Powell St, San Francisco, CA, 94108 | **ÖPNV** Straßenbahn (Cable Car), Haltestelle Powell St & Sutter St (Powell/Mason, Powell/Hyde) | **Tipp** Sollten Sie Lust auf Theater haben, so probieren Sie den Platz zum halben Preis bei TIX an der Union Square Plaza. Dort bekommen Sie Karten für Stücke, die im nahe gelegenen Theaterviertel am gleichen Tag aufgeführt werden.

46__Das Haus des Jazz
Jam Session mit Gott

Zum Urgestein der Stadt zählt Fillmore Street, die nach Millard Fillmore, dem 13. Präsidenten der USA, benannt wurde – Mitglied der Whig Party und Befürworter der freien Marktwirtschaft; zugleich trat er gegen Sklaverei und Einwanderung ein. Widersprüche, wie sie auch San Francisco prägen.

Am bekanntesten wurde Fillmore Street durch ihre Musikszene; im legendären Fillmore Auditorium trat über Jahrzehnte eine beachtliche Zahl von Kult-Bands auf – von den Grateful Dead bis zu Radiohead. Bereits vor dem Ersten Weltkrieg war dies auch das Heilige Land des Jazz. Granden wie Al Jolson begannen ihre Karriere in den Fillmore Clubs; auch heute sind die beliebtesten Jazzlokale hier zu finden – einschließlich Yoshi's und Boom Boom Room.

Nur einen knappen Block von Yoshi's entfernt verbirgt sich hinter einem unscheinbaren Ladenfenster die Saint John Coltrane African Orthodox Church. Jeden Sonntagmorgen öffnet sich die Tür zu einem kleinen Raum von Studio-Größe – dekoriert mit Wandbildern von einem schwarzen Jesus, einer schwarzen Maria und dem Lokalheiligen John Coltrane. Auf einem der Gemälde ist Letzterer mit goldenem Heiligenschein dargestellt – die Bibel in der einen Hand und das Tenor-Saxofon in der anderen.

Die erste Ahnung, dass es sich hier nicht um einen gewöhnlichen Sonntagsgottesdienst handelt, überkommt Sie, sobald das Keyboard, das Schlagzeug und die beiden Bässe neben dem Altar loslegen. Das Ritual beginnt mit Meditation, während das Album »A Love Supreme« die weihrauchgeschwängerte Luft erfüllt. Es folgen zwei Stunden Liturgie, die Musik des Jazzgiganten intoniert die Kirchenkapelle. Wer sich der Jam Session anschließen mag, ist eingeladen; sogar seine eigenen Instrumente mitbringen darf man hier.

Die Kirche wurde 1969 von Erzbischof Franzo Wayne King und Reverend Mother Marina King gegründet; sie hörten Coltrane erstmals 1965 live – in unverkennbarer Anwesenheit Gottes.

Adresse 1286 Fillmore Street, San Francisco, CA, 94115, www.coltranechurch.org, Tel. +1 415.673.7144 | **ÖPNV** Bus 22, Haltestelle Fillmore St & Eddy St | **Öffnungszeiten** Sonntagsgottesdienst 10–14 Uhr | **Tipp** Entspannen Sie sich unter der fünfstöckigen Peace Pagoda in 1610 Geary Boulevard. Die Pagode ist ein Geschenk der Schwesterstadt San Franciscos, Osaka.

47 Die Hausboote

Inseln im Sturm

Fahren Sie auf dem Highway 280 von Süden her nach San Francisco herein, mit dem Bay View District zu Ihrer Rechten also, so führt Sie die letzte Abfahrt zum Flüsschen Mission Creek. Während Sie über die erhöhte Ausfahrtsrampe brettern, lohnt ein Blick nach rechts auf eine kunterbunte Reihe von Hausbooten. Die exzentrische Gegend nennt sich Mission Bay District; seit einer Sanierungsmaßnahme und Verjüngungskur der Stadt erwacht sie gerade wieder zu neuem Leben. In dem breiten Fließgewässer, das auf der einen Seite von Millionärsapartments gesäumt wird und auf der anderen von fiebrigen Baustellen, liegen rund zwanzig bewohnte Boote an einem langen Dock fest vertaut. Dort finden sich auch ganz gewöhnliche Schiffchen, die richtig zur See hinausfahren.

Die Gemeinschaft schwimmender Wohnpaläste, die ihre Wurzeln in den wilden 1960ern hat, bildet ein winziges Viertel in sich, dessen Vorgärten und Hinterhöfe aus Seewasser bestehen. Bei den eher subkulturell orientierten Bewohnern handelt es sich meist um Künstler und Musiker; manche leben hier schon seit Jahrzehnten.

Seit jedoch die Grundstückspreise explodieren, klopfen auch die Betuchten an.

In den Sixties wurde das Dock auf dem Mission Creek eröffnet; ihn speist Wasser aus unterirdischen Quellen, deren Lage von der Gegend um Twin Peaks bis zur Bay reicht. Die Hausboote sind eine bunte Mischung aus verrückt und fantastisch, rangieren stilistisch von sehr antiken DIY-Experimenten bis zu moderner Industrial-Coolness. Eines etwa sticht durch seine blaue Flankenverkleidung und die hohen Flügelfenster heraus.

Ein Park mit Bäumen und einem Schlängelpfad säumt das Ufer; im Süden liegt ein großer, abgezäunter Gemüsegarten. Nachts, mit dem Geräusch klappernder Flaggleinen als Hintergrundbeschallung, sieht man hier einige der Bewohner in ihren Küchen schmausen, während ihre Boote im Rhythmus des Wellengangs rollen.

Adresse zwischen 3rd Street und 4th Street in Mission Creek, San Francisco, CA, 94107 | **ÖPNV** Stadtbahn (Light rail), Haltestelle 3rd St & 4th St (T-Third) | **Tipp** Machen Sie einen Spaziergang zum UCSF Park und schauen Sie sich Richard Serras Skulptur »Ballast« an; sie besteht aus zwei 15 Meter hohen Platten aus Cor-Ten-Stahl.

48__Die Häuser von Haight-Ashbury

We built this city on rock and roll

Einst half ein Glücksfall dem Mekka der Sixties auf die Sprünge. Viele der viktorianischen Häuser wie etwa die quietschpinke Hochzeitstorte in 635 Ashbury, in der Janis Joplin hauste, waren während des Zweiten Weltkrieges für Arbeiterfamilien aufgeteilt worden. Als die in den 1950ern wieder fortzogen, gab es Pläne, einen Freeway entlang des Panhandle zu leiten. Daraufhin stürzten die Grundstückpreise ins Bodenlose, die Mieten fielen – und die Künstler kamen.

Die Autobahn blieb Theorie, die Künstler sorgten für Praxis. Sie kreierten einen einzigartigen Rock-Stil – einen Mix aus Jazz, psychedelischer Bildsprache und Folk-Melodien –, der als »San Francisco Sound« Musik- und Kulturgeschichte schrieb. Viele seiner Exponenten wohnten zumindest zeitweilig in Haight-Ashbury.

An einer Fassadenseite des Hauses in 1524 Haight Street, in dem Jimi Hendrix wohnte, prunkt ein Wandbild des Kult-Gitarristen; die flippigen Gardinen lassen noch heute vermuten, dass der Funke der Boheme keineswegs erloschen ist.

710 Ashbury hingegen, wo die Grateful Dead in den späten Sechzigern abhingen, gibt sich heute zugeknöpft; kein Jerry sitzt auf der Veranda, und keine Mädchen quellen aus den Fenstern. Das dunkelbraune Exterieur scheint jede Farbe des Regenbogens, die sich ins Unterholz gerettet haben könnte, im Keim zu ersticken.

Jefferson Airplanes Villa in 2400 Fulton Street mit ihren 17 Zimmern hingegen erinnert noch immer an die Musik der Band; das riesige klassizistische Anwesen wäre genau der richtige Ort, um als »Alice when you're ten feet tall« angemessen zu residieren. Man meint ihn noch zu hören, den Widerhall der legendären Partys hinter der schwarz gestrichenen Fassade. Das Format des »Airplane House« gemahnt auch an den Profit, den die Gegenkultur einfuhr. Wie Grace Slick später sang: »We built this city on rock and roll.«

Adresse 635 Ashbury Street (Janis Joplin), 1524 Haight Street (Jimi Hendrix), 2400 Fulton Street (Jefferson Airplane), San Francisco, CA, 94117 | **ÖPNV** Bus 33, Haltestelle Ashbury St & Haight St; Bus 6, 71, Haltestelle Haight St & Masonic Ave; Bus 5, Haltestelle Fulton St & Arguello Blvd | **Tipp** Besuchen Sie »Mendel's Far Out Fabrics und Art Supplies« in 1556 Haight Street, wo Sie alles bekommen, um sich Ihr eigenes Rockstar-Outfit zusammenzustellen.

49 Das Headlands Center for the arts

Freundliches Feuer

Die dramatische Landschaft rund um San Francisco mit ihren Gebirgsausläufern, Landzungen und Klippen im Süden und Norden ist durchsetzt von Kastellruinen und verlassenen Festungen. Seit 1898, dem Beginn des Spanisch-Amerikanischen Krieges, hat es eine lange Abfolge von immer neuerer Militärtechnik, Geschütztypen und explosiv wachsender Feuerkraft gegeben; übrig sind allerdings nur Bunker und Tunnel. 1908 rüstete die Army die alten Küstenforts des Golden Gate erneut auf und baute Fort Barry, das zum zentralen Stützpunkt des Unternehmens wurde. Es liegt hinter den Landspitzen von Marin und kann über jene Straße erreicht werden, die sich die Steilfelsen gegenüber der Golden Gate Bridge hochwindet, ansonsten durch einen Tunnel von Sausalito aus.

Fort Barry wurde 1950 aus dem Dienst entlassen und 1972 zu einem Teil des National Park Service umgestaltet. Zehn Jahre später übernahm das Headlands Center for the Arts (HCA) den Komplex; bedeutende amerikanische Künstler wie David Ireland oder Ann Hamilton machten die verwaisten Armeebaracken zu Ateliers und Apartments.

Ireland ist für seine ortsbezogenen Installationen bekannt; er verwendet Materialien wie Farbdosen, Telefonbücher oder Schädel von Wasserbüffeln. Die Militäranlage unterzogen er und sein Team einer Art Gebäudestrip und legten ihre historischen Schichten frei – Blechdecken, Pfeiler, zersiebte Wände. Hamilton, eine virtuelle Künstlerin mit Vorliebe für das Multimediale, wandelte die ehemalige Kantine in einen Ort der Begegnung um.

Das Center ist öffentlich zugänglich; die Umwandlung der Originalgebäude wird Sie genauso beeindrucken wie die Ausstellungen. Jedes Jahr werden 45 Künstler aus aller Welt zu einem zehnwöchigen Wohnaufenthalt eingeladen; Gastvorträge und Tage der offenen Tür laden Besucher ein, die Arbeitsräume der Bewohner zu besichtigen.

Adresse 944 Simmonds Road, Sausalito, CA, 94965, www.nps.gov, Tel. +1 415.331.2787 | **ÖPNV** Bus 76X, Haltestelle Bunker Rd & Field Rd | **Öffnungszeiten** täglich 9.30–16.30 Uhr | **Tipp** Rodeo Beach in der Nähe eignet sich zum Picknicken, Drachensteigenlassen oder dazu, auf das tosende Meer zu blicken.

50__Heath Ceramics
Kacheln »Made in America«

Seit 1947 formte die Keramikerin Edith Heath ihre klassischen Mid-Century-Gefäße in der Bay Area. Nahezu 70 Jahre später stellt Heath Ceramics noch immer irdene Objekte her, Steingut, das Design-Junkies aller Länder ein Lächeln auf die Lippen zaubert – und jedem, der das Glück hat, in einen dieser Showrooms mit Ziegel- und Mörtelflair hineinzuspazieren.

Edith Heath arbeitete mit innovativer Technik; ebenso war sie Designerin, beeinflusst von Bauhaus und den indianischen Töpfern Mexikos. Während des Zweiten Weltkrieges, als Töpferscheiben rar waren, baute sie sich aus einer fußbetriebenen Nähmaschine selbst eine zusammen und benutzte den Keller als Trockenraum. Heute stehen ihre Arbeiten im Museum of Modern Art in New York (MoMA) und im Los Angeles County Museum of Art (LCMA). Die Pionierin schätzte einfache und ausdauernde Materialien und glaubte bereits an das Prinzip der Nachhaltigkeit. Hier in Mission District ist viel von ihrem Vermächtnis zu besichtigen; dazu gehören auch erlesenes Geschirr und Zierkacheln.

Ihr Stil zeichnet sich durch klare Linien, sinnliche Beschaffenheit und edles Understatement aus. Die Farbpalette reicht von warmen Rottönen über schiefergraue Schattierungen bis zu zartem Wasserblau – in unzähligen Mustern und Variationen. Designer unternehmen regelrechte Wallfahrten, um sich die stets wechselnden Exponate anzusehen.

Neben dem Showroom gibt es die Kachelbrennerei. Es ist faszinierend, mitanzusehen, wie Rohfliesen sich in den Flammen zu exquisiten Wand- und Bodenkacheln formen.

Führungen vermitteln ein intimeres Verständnis dieser Metamorphose. Experten versetzen Sie in eine Zeit zurück, in der »Made in America« noch stolzes Gütesiegel war. Hier erfahren Sie einfach alles – vom Mischen des Tons über das Zuschneiden der Formen bis zum Färben, Glasieren, Brennen und Stapeln der Kacheln.

Adresse 2900 18th Street, San Francisco, CA, 94110, www.heathceramics.com, Tel. +1 415.361.5552 | **ÖPNV** Bus 12, Haltestelle Folsom St & 18th St, Bus 33, Haltestelle Potrero Ave & 18th St | **Öffnungszeiten** Showroom: Mo–Mi, Fr und Sa 10–18 Uhr, Do 11–17 Uhr, So 11–18 Uhr. Führungen durch die Fabrik: Sa und So um 11.30 Uhr, jeden 3. Fr im Monat 14 Uhr, Reservierungen erforderlich | **Tipp** Die ursprüngliche Heath Factory mit Showroom in Sausalito (400 Gate 5 Road), wo das Geschirr hergestellt wird, ist ebenso zu besichtigen.

51 Hunter S. Thompsons Haus

Fear and Loathing in Las Vegas

Das Haus, das einst Hunter Thompson gehörte, ist ein einstöckiges Gebäude, das so anonym und trist erscheint, wie Thompson sich unverwechselbar und schillernd gab. Wenn Wände bloß sprechen könnten …

Seinerzeit definierte Monsieur »Gonzo« eine neue Art von erzählerischem Journalismus, der jegliche Objektivität schmucklos über den Haufen warf, während der Verfasser zum Helden und Widersacher in einer Person wurde. Talese, Capote, Mailer oder Wolfe hatten ähnliche Vorstellungen von nichtfiktionalen Romanen; Thompson jedoch war derjenige, der den entscheidenden Schritt weiter wagte. Er schrieb aus der Perspektive der Gegenkultur – jener zornigen Kultur-Kannibalen, die mit dem Establishment ums Verrecken nicht konnten.

Thompson selbst war waffentragender Aktivist; sein Credo: »Es ist mir zuwider, Drogen, Alkohol, Gewalt oder den nackten Wahnsinn zu verteidigen, aber mich haben sie nie im Stich gelassen.«

1965, während er hier wohnte, unternahm er einen längeren Ausflug in die Welt der Hells Angels. »Sollte ich je zu alt werden, meine Maschine zu besteigen und Mädels aufzureißen, überfalle ich eine Bank und gehe in den Knast zurück«, ließ Knatter-Chef Sonny Barger sich zitieren.

Thompson schmuggelte sich in das Leben der Höllenengel ein und schrieb minutiös jedes Detail auf. Als er schließlich auffahr, brachte ihm sein Jahr in der Niemandskluft eine böse Tracht Prügel aufgebrachter Cheruben ein. Sein Verlag jedoch hätte glücklicher nicht sein können; »Hells Angels: The Strange and Terrible Saga of the Outlaw Motorcycle Gangs« wurde zum Bestseller.

Stilgemäß beendete Thompson sein Leben 2005 eigenhändig. Sein Abschiedsbrief erschien im Magazin »Rolling Stone«: »Kein Spaß mehr. Keine Spiele mehr. Keine Weiber mehr. 67. Das sind 17 Jahre nach der 50. 17 mehr, als ich gebraucht oder gewollt hätte. Langweilig. Da bin ich lieber noch mal gemein und fange an, mich altersgerecht zu benehmen. Entspannt euch – wehtun wird's nicht.«

Adresse 318 Parnassus Street, San Francisco, CA, 94117 | **ÖPNV** Bus 6, 43, Haltestelle Parnassus Ave & Willard St | **Tipp** Lohnend ist auch ein Spaziergang ins Viertel Cole Valley. Über dem Vordach von »Crepes on Cole« in 100 Carl Street ist noch das alte Schild des »Other Café« zu sehen. Hier haben Robin Williams und Dana Carvey Comedy gemacht, bevor sie groß rauskamen.

52 __ Hunter's Point
Die Künstlerkolonie

Die Geschichte der Schiffswerft bei Hunter's Point geht bis ins Jahr 1870 zurück. Zu Beginn des Zweiten Weltkrieges übernahm die Navy den Komplex; hier wurden, im Juli 1945, die Bauelemente der ersten Atombombe auf die »USS Indianapolis« verladen und nach Tinian Island gebracht, von wo, am 6. August, ein B-29-Bomber nach Hiroshima startete.

Nach dem Krieg fand das Strahlenlabor der Marine bei Hunter's Point seinen neuen Sitz und wurde zum Zentrum des US-Militärs für angewandte nulkleare Forschung. Das Institut schloss 1969; 1994 machte die Navy das ganze, knapp sieben Hektar große Areal wegen radioaktiver Kontamination dicht.

Die Werft allerdings erwies sich als widerstandsfähig – so sehr, dass hier 1983 eine lokale Künstlergruppe zwischen den alten Militärgebäuden eine Kolonie gründete. So enorme Mühen es auch gekostet hat: Die Community blüht und gedeiht noch immer, umfasst mehr als 350 Musiker, Bildhauer, Maler, Grafiker oder Autoren. »The Point« ist eines der größten Künstler-Kollektive des Landes; die verstreuten Ateliers finden sich in den Speichern und Depots jeglichen Verfallsgrades; die Miete wird an die Stadt gezahlt.

Vom Mangel an Komfort sehen die Kreativen, die es hierherzieht, gern ab; der Neuigkeitseffekt, das magische Licht und die ungeheure Ausdehnung machen den Ort für Kulturschaffende unwiderstehlich. Zweimal im Jahr, meist am letzten Oktoberwochenende und dem ersten im Mai, werden die Ateliers für Besucher geöffnet. Sammler und Fans treffen auf ihre Lieblingskünstler und erleben sie in ihrem natürlichen Habitat.

Zwischenzeitlich allerdings steht Hunter's Point erst einmal vor dem Aus; Stadtentwickler planen Hunderte neuer Häuser inklusive kommerzieller Lokalitäten. Obwohl die alte Werft der Abrissbirne wird weichen müssen, sind dem Schöpfervolk günstige neue Studios versprochen.

Adresse Horn Avenue, San Francisco, CA, 94124, www.shipyardartists.com, Tel. +1 415.822.9675 | **ÖPNV** Bus 19, Haltestelle Galvez Ave & Horne Ave | **Öffnungszeiten** Offene Ateliers an einem Wochenende im Frühjahr und im Herbst. Termine werden auf der Website bekannt gegeben. | **Tipp** Auf dem Weg nach Hunter's Point kommen Sie am mittelalterlich anmutenden, fünfstöckigen Steinturm des Albion Castle in 881 Innes Street vorbei. Der ehemalige Sitz der Albion Ale und Porter Brewery wurde 1870 gegründet und schloss 1919. Das Brauereischloss verfügt über zwei Höhlen gefüllt mit Quellwasser. Von 1928 bis 1947 füllte die Albion Water Company das Trinkwasser ab. Heute handelt es sich um ein privates Wohnhaus.

53__Der Indianerfriedhof
Die Häuptlinge von Mission Dolores

Oft verbergen Städte ihre Ursprünge (und Sünden) unter Schichten aus Beton und Sanierungsmaßnahmen. Jenseits der weißen Mauern des Viertels Mission Dolores jedoch liegt das Gewesene hell am Tag: Besucher betreten das Gelände durch einen Raum neben der Missionskapelle von 1781; sie ist das bei Weitem älteste Gebäude der Stadt.

Der Friedhof ist ein Kleinod voller Rosenbüsche, knorriger alter Bäume, Steinpfade und einem – nun ja – angenehm jenseitigen Ambiente. Eine Statue des Missionsgründers Junipero Serra steht Wache, den Kopf wie in Sorge geneigt. Tausende kalifornische Indianer sind hier begraben, darunter konvertierte Angehörige der Miwok- und Ohlone-Stämme. Einst hatten sie die Missionen gebaut, manche sogar aus freiem Willen, wenngleich die meisten unter Zwang. Die Replik einer Ohlone-Hütte im Zentrum der Anlage zollt ihnen Tribut.

Die Namen auf den verwitterten Grabsteinen spiegeln die Geschichte Kaliforniens wider: Hier ruhen Luis Antonio Arguello, erster mexikanischer Governeur, Francisco De Haro, erster Bürgermeister, oder Sanchez, wohlhabender Landbesitzer aus der »Rancho«-Ära. 1848 trat Mexiko seine Gebiete in Alta California an die USA ab, zeitgleich mit dem damals tobenden Goldrausch. Englische und irische Namen sind stumme Zeugen dieses Umbruchs.

Drei von den anderen abgesetzten Gräbern mit schmiedeeisernem Zierwerk gehören Cora, Casey und Sullivan, Opfern des »Vigilance Committees«, einer Gruppe von Selbstjustizlern, die ab den 1850ern im Sündenpfuhl San Francisco die Ordnung wiederherstellen wollten. Sullivan etwa, ein krimineller Boxer, manipulierte Wahlurnen korrupter Politiker. Es heißt, er habe sich im Kerker der Bürgerwehr selbst die Pulsadern aufgeschnitten; andere glauben an Mord. Seine Grabinschrift lautet: »O Herr, erinnere Dich nicht unserer Vergehen oder jener unserer Eltern und übe keine Rache an uns …«

Ein treffender Kommentar zur kalifornischen Geschichte.

Adresse 3321 16th Street, San Francisco, CA, 94114, www.missiondolores.org/old-mission/visitor.html | ÖPNV Stadtbahn (Light rail), Haltestelle Church St & 16th St (J-Church); Bus 22, Haltestelle 16th St & Dolores | Öffnungszeiten täglich 9–16 Uhr | Tipp Eine der besten hausgemachten Eiscremes San Franciscos gibt es in der Bi-Rite Creamery in 3692 18th Street. Sie haben die Wahl aus vielen exotischen Sorten, darunter Orange-Kardamom und Honig-Lavendel.

54 Das Institute of Illegal Images

Reise ins Kuckucksnest

Eine unvergessliche Reise in die experimentierfreudigen Sixties bietet Tom Wolfe's Kult-Werk »The Electric Kool-Aid Acid Test« (1969). Der Blick des New Yorkers war jedoch von der Ostküste geprägt, im Gegensatz etwa zu Ken Kesey (Autor von »Einer flog über Kuckucksnest«), der sich als Brückenbauer zwischen den Hippies und den Beatniks verstand.

In seinem »Acid Test« interviewt Wolfe Kesey in einem Knast in San Mateo. Wolfe: »Er redete von einem *Acid Test*, von Formen des Selbstausdrucks, bei dem sich die Grenzen zwischen Menschen aufheben würden. Es gebe nur noch ein Erleben – mit weit geöffneten Sinnen: Worte, Musik, Licht, Klang – ein einziger Blitzschlag.«

Ein würdiges Entrée für das »Institut der verbotenen Bilder«; zugleich ist es das Haus von Mark McCloud, der eine der größten Sammlungen psychedelischer Kunst weltweit zusammengetragen hat: Die Wände sind vollgehängt mit 350 Arbeiten in Schrei-Bunt; sie zeigen illustriertes Löschpapier, mit dem einst LSD geschmuggelt wurde. Während der Hochphase des Acid-Kults tropfte man flüssiges LSD auf das Stückchen Papier namens »Ticket«; die individuellen Tickets (oder »Pappen«) steckte man unter die Zunge und lutschte sie.

Die hier ausgestellten Pappen haben ihre Wirksamkeit längst eingebüßt. Dennoch ist McCloud unzählige Male von Drogenfahndern ins Visier genommen worden. Er jedoch bleibt seiner Berufung treu, das Drogen-Erbe der 1960er zu bewahren, damit »unsere Kinder uns besser verstehen können und die Stigmatisierung der Droge endlich aufhört«. Vom Magazin »Vice« gefragt, wie es zu diesem Sammlertrieb gekommen sei, erwiderte er: »Hendrix war gerade gestorben, und ich nahm *Orange Sunshine*. Der Stoff, aus dem ich war, änderte sich, die Schwingungen trugen mich aus dieser Welt hinaus und verwandelten mich in eine andere Wesenheit. So hat es angefangen.«

Adresse 20th Street & Mission Street, San Francisco, CA, 94110, www.blotterbarn.com | **ÖPNV** Bus 14, 49, Haltestelle Mission St & 22nd St | **Öffnungszeiten** nur nach Absprache, E-Mail an mark@blotterart.com | **Tipp** Gönnen Sie sich zur Abwechslung einen Drink in der Laszlo Bar, 2526 Mission Street.

55__Das »Interval«
im »Long Now«

10.000 Jahre sind ein Tag

Einst war Fort Mason eine Stellung der spanischen Streitkräfte. Als Kalifornien 1850 zum Bundesstaat wurde, eignete sich die U.S. Army die Kaserne an und baute sie während des Bürgerkrieges zur Festung aus. Sie sollte Attacken der Südstaatler abwehren – die jedoch ausblieben. Erst im Zweiten Weltkrieg wurde hier in großem Maßstab Militärfracht umgeschlagen. Nach der Stilllegung 1970 wandelte man das Areal zu einem Teil des ersten städtischen Nationalparks um.

Seither haben sich hier Dutzende von kleinen Kulturenklaven, Museen und Theatern angesiedelt, einschließlich des Magic Theater, in dem Sam Shepard 1975 seine Karriere als Haus-Dramatiker begann, und des Museo ItaloAmericano, in dem eine ständige Sammlung internationaler Maler wie etwa Francesco Clemente ausgestellt ist.

1996 wurde die Long Now Foundation gegründet, geleitet von Stewart Brand, dem ursprünglichen Herausgeber des »Whole Earth Catalogue«, einer Auflistung gegenkultureller Literatur. Die Satzung des Vereins sieht vor, »ein kreatives Rahmenwerk für langfristiges, verantwortungsbewusstes Denken innerhalb der nächsten 10.000 Jahre zu schaffen«. Gedacht ist etwa an den Bau einer 10.000 Jahre durchmessenden Uhr, an eine digitale Bibliothek der menschlichen Sprachen, Seminare zu Klimawandel oder Weltkonflikt oder eine Sammlung von mehr als 3.000 Schriftwerken, die als unabdingbar für den Neuaufbau der menschlichen Kultur nach ihrem etwaigen Untergang angesehen werden – das »Handbuch der Zivilisation«.

Vorerst säumen die kuriosen Wälzer das einstöckige Interieur des »Interval«, einer Bar für Technikverliebte, Utopisten, Denker und Trinker, die von der Foundation 2014 eröffnet wurde. Die Hintergrundmusik in Dauerschleife und das »Lichtgemälde« hinter der Bar komponierte Vorstandsmitglied Brian Eno. Eine Ode an die Vergangenheit, die Gegenwart und die Zukunft will das Interval sein.

Adresse 2 Marina Boulevard, Fort Mason Center, Building A, San Francisco, CA, 94123, www.theinterval.org, Tel. +1 415.561.6582 | **ÖPNV** Bus 28, 28L, Haltestelle Marina Blvd & Laguna St | **Öffnungszeiten** täglich 10–17 Uhr (Café), 17–0 Uhr (Bar) | **Tipp** Das ganze Jahr über gibt es jeden Sonntagmorgen auf dem kleinen Farmermarkt auf dem Parkplatz von Fort Mason frisches Obst, Gemüse und köstliches Gebäck.

56__Die Irrgärten

Das Leben ist ein Labyrinth

Mehr als 70 öffentlich zugängliche Labyrinthe gibt es in der Bay Area, 15 allein in San Francisco. Man findet sie auf Schulhöfen und in Hinterhöfen, in Kirchenschiffen und Parks, selbst auf den Klippen. Bei Lands End etwa, über einer versteckten Bucht, gibt es einen Irrgarten, der sich besonders zur Sonnenwende und Tagundnachtgleiche großer Beliebtheit erfreut (siehe S. 126). Die Irrgänge variieren in Form und Größe – vom klassisch bis kretisch, von 7 bis 11 Kreisen, von 8 bis 18 Metern Durchmesser. Auch das Material ändert sich: Einer besteht aus Kräutern und Blumen, andere sind auf Beton oder Holz gemalt. Einer gar in Braille.

Die bemerkenswertesten unter ihnen sind die beiden auf Nob Hill an der Grace Cathedral, jener 1964 erbauten Bischofskirche, die durch ihren französisch-gotischen Stil hervorsticht.

1991 ging ihre Pastorin Dr. Lauren Artress in Studienurlaub und entdeckte durch Zufall (oder Vorsehung?) die mythenschwere Magie der Labyrinthe. Nach ihrer Rückkehr ließ sie den elfkreisigen Irrgarten der mittelalterlichen Kathedrale von Chartres reproduzieren, zunächst auf Leinwand, dann als Wandteppich; zuletzt, 1995, wurde im Meditationsgarten ihrer Kirche ein Terrassenlabyrinth angelegt. Zwei Jahre später arbeitete man ein zweites aus Kalkstein in den Boden des Hauptschiffs ein.

Pastorin Artress wird das Verdienst zugeschrieben, dem Christentum die Tradition des Irrgartens sowie der Gehmeditation wieder nähergebracht zu haben.

Die »Fühlreise« durch die verwirrenden Muster umfasst drei Phasen: Die erste ist die der »Reinigung«, die man auf dem Weg zum Meditation Center erledigt. Einmal dort angekommen, erfordert das Ritual den »Empfang«, der in Gebeten und Versenkung besteht; bei der »Rückkehr« schließlich kontaktiert man seine höheren Kräfte, worin immer die bestehen mögen. Es kann ein Prozess von spiritueller Einsicht und persönlicher Erlösung sein.

Adresse 1100 California Street, San Francisco, CA, 94108, www.gracecathhedral.org, Tel. +1 415.749.6300 | **ÖPNV** Bus 1, Haltestelle Clay St & Mason St; Bus 27, Haltestelle Leavenworth St und California St | **Öffnungszeiten** täglich 8–16 Uhr | **Tipp** Einen vollendeten Mai Tai gibt es im Tonga Room & Hurricane Bar, der tropischen Lounge des Fairmont Hotels in 950 Mason Street, eine Lokalinstitution seit 1945.

57__Kabuki Springs & Spa
Japanisch tiefenentspannt

Zu den Geschenken, die japanische Einwanderer in den 1860ern mit nach San Francisco brachten, gehörte die Kunst des Sentō.

Praktiziert wird sie in einem öffentlichen Badehaus, in dem man sich reinigt und gemeinsam mit Geschlechtsgenossen vom Wasser durchdringen lässt. Das kann eher spartanisch ausfallen oder – wie im Fall von Kabuki Hot Springs – luxuriös.

Während eine moderne Stahlpagode den touristenlastigen öffentlichen Platz von Japan Town oder »Nihomachi« markiert, behüten die Bäder tiefergehende Bedürfnisse Nippons.

Mit dem Schritt über die Schwelle lassen Sie Lärm und Geschäftigkeit des Geary Boulevards hinter sich; ein fast greifbares Gleichgewicht von Harmonie und Ruhe überkommt Ihr gestresstes Westler-Ich. Der Baderaum ist geräumig und spärlich beleuchtet; hölzerne Lounges laden zum Chillen ein. Anders als andere Spas hat sich Kabuki einen kommunalen Charakter bewahrt; hier gehen die Einheimischen baden.

Freitags etwa treffen Sie im Hot Pool auf tätowierte Rockstars, Japanerinnen jeglichen Alters, Mütter mit Teenie-Töchtern oder die Kellnerin von nebenan; gemeinsam lassen die Damen das Wasser auf sich wirken – nass, nackt, heiß und sehr still. An abwechselnden Tagen sind die Bäder für Männer oder Frauen geöffnet; zusammen dürfen sie lediglich an einem Tag der Woche in Bademontur in die Wannen.

Die makellosen Anlagen umfassen eine Sauna, ein spritzkaltes Schwimmbecken sowie den großen Hot Pool mit flachen Sitzen und japanischen Badebänken. Ein Diener sorgt für Nachschub an Genmai-Tee, gekühlten Gesichtstüchern und anderen Relax-Hilfen. Gäste dürfen in den Bädern bleiben, solange sie möchten; viele entscheiden sich für eine Shiatsu-Massage hinterher; besonders Letztere zählt zu den besten der Stadt.

Wenn Sie Kabuki gereinigt, duchkatharsisiert und tiefenentspannt wieder verlassen, sind Sie fit für die Fortsetzung Ihres Shopping-Marathons in Japan Town.

Adresse 1750 Geary Boulevard, San Francisco, CA, 94115, www.kabukisprings.com, Tel. +1 415.922.6000 | **ÖPNV** Bus 22, 38, 38L, Haltestelle Fillmore St & Geary Blvd | **Öffnungszeiten** täglich 10–22 Uhr | **Tipp** Nur einen kurzen Fußweg entfernt liegt eines von San Franciscos besten Restaurants: State Bird Provisions in 1529 Fillmore Street bietet kleine, dim-sum-ähnliche Gerichte an – erfindungs- und abwechslungsreiche Köstlichkeiten.

58__Die Klostersteine
Relikte im botanischen Garten

Voller verborgener Schätze steckt der Golden Gate Park; einer von ihnen ist der zwei Hektar große botanische Garten, einst als »Strybing Arboretum« bekannt. 1940 wurde er jenseits der 9th Avenue eröffnet. Entworfen hat ihn der Vater des Parks, das so beleibte wie beliebte Stadtplanungsgenie John McLaren, dessen Karriere damit begann, Dünen und Meeresarme zu befestigen. In San Francisco legte er die Abmessungen des Parks fest; um ihn gegen den Ozean abzusichern, nutzte er alles an Müll und Geröll, was ihm unterkam, um jene Böschung aufzuschichten, auf der heute der laute Great Highway verläuft.

Das Arboretum hingegen ist ein stiller Ort: alte Wiesen, Lichtungen und idyllische Pfade, die durch eine ganze Abfolge von Gärten führen. An einer Stelle ist die größte Magnoliensammlung der Welt zu bestaunen. Im »California Native Garden« sehen Sie Arten aus den unterschiedlichen Landschaften des Bundesstaates; Sumpfblumen aus den Arroyos, Fichtenspargel aus den Wäldern oder Matilija-Mohn aus dem Unterholz Südkaliforniens. Es gibt einen mittelamerikanischen Nebelwald mit Baumastern und Fuchsien, von den Mammutbäumen gar nicht erst zu reden. Alles in allem gedeihen hier 8.000 Pflanzenarten.

Überall stehen Steine; sie gehören zu jenen 1.000, die man einst dem 1181 erbauten, 150 Kilometer von Madrid entfernt liegenden Kloster Santa Maria de Ovila entnahm. 1835 konfiszierte die spanische Regierung die Abtei zusammen mit 900 anderen Klöstern und vekaufte sie an Privatbesitzer, die sie meist als Scheunen verwendeten.

1930 brachte Zeitungsmagnat William Randolph Hearst diese Steine aus dem iberischen Kloster nach Kalifornien, um sich nach San Simeon ein weiteres Schloss namens Wyntoon zu bauen. Dem jedoch kam die Große Depression zuvor; 1941 erwarb die Stadt die heiligen Steine. Nun stehen sie hier – manche noch immer mit ihren mittelalterlichen Gravuren – wie stumme Oden an Ozymandias.

Adresse 1199 9th Avenue, San Francisco, CA, 94122, www.sfbotanicalgarden.org | **ÖPNV** Bus 44, 71, 71L, Haltestelle 9th Ave & Lincoln Way | **Tipp** Im botanischen Garten lässt es sich hervorrragend picknicken, so richtig mit Korb und Decke.

59__Lands End
Ein mystischer Tag

In den späten 1890ern war Lands End ein Freizeitparadies mit Bädern, Buden, Eisbahnen, Parks, einem Museum, gar einem Schloss, später »Cliff House« genannt, das sich recht prekär an die Basaltklippen hoch droben über dem Meer schmiegte. Jedes Wochenende kamen Menschen mit Pferdewagen über die unwegsame Dünenlandschaft her, um sich in Sonntagsstimmung zu versetzen. Manche tuckerten auch mit dem Dampfzug an, der von California Street bis hinaus zum Sea Cliff District fuhr.

Spiritus Rector des Trubels war Adolph Sutro, ein charismatischer Deutscher, der mit Drainagetunneln für Silberminen ein Vermögen gemacht hatte. Schließlich verkaufte Sutro und ließ sich in San Francisco nieder, wo er sich ein Anwesen über Cliff House baute (siehe S. 164).

Lands End hat noch heute eine eindrucksvolle Spazierroute zu bieten, die am Sutro Park beginnt und an den Ruinen der Bäder und am »Octagon House« vorbeiführt, das einst als Aussichtspunkt diente. Über ein System von Fernrohren und Flaggen, die den anlandenden Schiffstyp anzeigten, wurde die Kunde nach Presidio und schließlich Telegraph Hill getragen, wo Stauer und Kutscher bereits in den Docks warteten.

Der Trip bietet tolle Aussichten auf Marin Headlands und die Golden Gate Bridge und endet am Museum Legion of Honor. Auf der Hälfte der Strecke weist ein Schild den Weg zur Klippe Eagle's Point, ebenso passieren Sie eine steile Treppe, die sich zum Strand hinunterwindet. Auf deren halber Strecke wiederum befindet sich seit 2004 an einem Felsvorsprung ein Labyrinth aus Stein. Das Kunstwerk von Eduardo Aguilera soll »Frieden, Liebe und Erleuchtung« bringen – hier nun mal die Hausmarke. An diesem Ort werden auch gern Sonnenwendfeiern abgehalten und Tagundnachtgleichen zelebriert; der Indianerstamm Yalamu-Ohlone nannte diesen Küstenstrich ohnehin schon urlange sein Zuhause.

Adresse 608 Point Lobos Avenue, San Francisco, CA, 94121, www.nps.gov/goga/planyourvisit/landsend.htm | **ÖPNV** Bus 38, 38L, Haltestelle 48th Ave & Point Lobos Ave | **Tipp** Bevorzugen Sie eine längere Wandertour, so starten Sie bei Sea Cliff unter dem Museum Legion of Honor.

60_Die Lefty O'Doul Bridge

DiMaggio bis Bond

Ein schwarzer Tag für den Baseball: Am lauen Abend des 7. Juli 1923 stand Francis »Lefty« O'Doul während des ersten Spiels eines Doubleheaders gegen die Cleveland Indians als Pitcher parat. Dieser Sommer war *seine* Chance. Ging jetzt alles gut, wusste er sich im Baseball-Olymp. Stattdessen stellte er während jener verflixten sechsten Runde den unrühmlichen Rekord für den Mittelspiel-Pitcher auf, der die meisten Runs vermasselte – ganze 13. Früher in der Saison hatte er bereits einen anderen Rekord aufgestellt und bei einem einzigen Inning die meisten Schlagmänner gegen sich gehabt: 16. Ergebnis: 27:3. Boston beendete die Saison der American League als Schlusslicht, und Lefty O'Doul musste zu den Minors zurück. Chance verpasst; abgestiegen. Tod einer Laufbahn?

Man machte ihn zum Feldspieler; 1928 durfte er immerhin wieder bei den Majors – den Großen – mitmischen. Da war er 31 und auf dem Weg zum zweifachen National League Batting Champion; schließlich wurde er sogar im Major-League Baseball All-Star Game 1933 eingesetzt. Doch da ging noch mehr; es folgte ein dritter Akt: Nachdem O'Doul seine aktive Laufbahn beendet hatte, wurde er Manager der San Francisco Seals, half, Joe DiMaggio aufzubauen, und spielte eine Schlüsselrolle dabei, den Sport in Japan populär zu machen. Dort schaffte er es gar in die Hall of Fame.

Zu seinen Ehren serviert ein Restaurant Spareribs, und auch eine Piano-Bar trägt seinen Namen, direkt am Union Square. Und dann ist da noch die Lefty O'Doul Bridge, eine massive Konstruktion in der Nähe des Baseball-Stadions AT&T Park. Die Zugbrücke wurde 1933 von Joseph Strauss entworfen, demselben Architekten, der auch die Golden Gate Bridge entwarf (tatsächlich entwarf Charles A. Ellis die Golden Gate, aber das ist eine andere Geschichte). Noch immer öffnet sie sich auch für das bescheidenste Segelboot und war – schon glamouröser – sogar einmal Filmstar, im James Bond von 1985: »Im Angesicht des Todes«.

Adresse 3rd Street am Mission Creek, San Francisco, CA, 94107 | **ÖPNV** Stadtbahn (Light rail), Haltestelle 3rd St & 4th St (T-Third) | **Tipp** Der nahe gelegene Cove Park befindet sich direkt am Meer; seine Wege, Rasenflächen und Bänke laden zum Flanieren ein.

61 Das LeRoy King Carousel

Überlebenskünstler

Sieben bemerkenswerte Karussells gibt es in der Bay Area, drei davon in San Francisco, alle um die vorletzte Jahrhundertwende gebaut. Das Rundgefährt im hiesigen Zoo etwa entwarf Gustav Dentzel, Sohn des deutschen Wagenbauers Michael Dentzel. Im Golden Gate Park steht ein prächtiger Pferdchen-Schwenker von Herschell Spillman aus dem Jahr 1914. Ursprünglich war er dampfbetrieben und begeisterte während der Weltausstellung 1939 auf Treasure Island die Massen.

Dann gibt es da noch das glorreichste aller Merry-Go-Rounds, das sich im Children's Creativity Museum in Yerba Buena Gardens dreht.

Erbauer des LeRoy King Carousel war Charles I. D. Looff, Vater der amerikanischen Karussells und Designer des ersten Karussells auf Coney Island 1876. Das Karussell wurde auf Rhode Island gefertigt und sollte ursprünglich einem kleinen Jahrmarkt in Market Street über die Runden helfen.

Das Erdbeben von 1906 jedoch setzte dem Vorhaben ein jähes Ende; vorerst landete das Karussell im Luna Park von Seattle.

1913 schließlich fand es doch noch seinen Weg in die Golden City und stand hier 50 Jahre lang als Hauptattraktion des Playland-at-the-Beach, das vielen als das wahre Disneyland Kaliforniens gilt. Als Playland 1972 schließen musste, griff ein Sammler zu; nach Jahren der Irrungen und Wirrungen tauchte das Karussell 1998 wieder in Yerba Buena Gardens auf, wo es noch heute hinter einer Glasrotunde steht.

Die kürzlich restaurierten, original handgeschnitzten Tierfiguren – echte Kunstwerke ihrer Epoche und echte Langzeitüberlebende – umfassen Rösser, Kamele, springende Giraffen, Widder, einen Löwen und zwei vergoldete Streitwagen, vorn mit blauen und grünen Drachen. Die Pferdchen tragen juwelenbesetztes Zaumzeug; ihre Schweife sind aus echtem Pferdehaar.

Für wenige Dollar pro Fahrt eine runde Sache.

Adresse 221 4th Street, San Francisco, CA, 94103, www.creativity.org/visit/childrens-creativity-carousel | **ÖPNV** Bus 14, 14L, Haltestelle (Mission St & 4th St stop) | **Öffnungszeiten** täglich 10–17 Uhr | **Tipp** Im kleinen Cartoon Art Museum (655 Mission Street) gibt es von frühen »Peanuts«-Zeichnungen von Charles Schultz bis zu Arbeiten zeitgenössischer Cartoon Artists viel zu bestaunen.

62 Der Leuchtturm

Unterwasserfriedhof bei Point Bonita

Hunderte Schiffe sind in der Bucht von San Francisco auf Grund gelaufen, viele während der Ära des Goldrauschs in den 1850ern. Manche sanken um Fort Point herum, unterhalb der heutigen Golden Gate Bridge. Andere warf es auf den Sand von Ocean Beach. Das berühmteste von ihnen war 1878 die »King Philip«, ein dreimastiger Klipper, dessen skelettierter Rumpf zuweilen noch heute zu sehen ist.

Bereits 1855 jedoch hatte das Gemetzel zum Bau eines Leuchtturms bei Point Bonita in den Marin Headlands geführt. Obwohl der Turm das Meer um bald 100 Meter überragte, waren seine Lichtsignale für sich nähernde Schiffe kaum zu erkennen, da die Nebelbänke entlang der Westküste – im Unterschied zur Osküste – weit höher in die Luft aufsteigen. 1877 wurde das Gebäude aus Ziegel und Beton an einen anderen Ort verpflanzt, nur knapp 40 Meter über dem Meeresspiegel.

Und noch immer krachte es: Am Morgen des 22. Februar 1901 lief das dampfbetriebene Linienschiff »SS City of Rio de Janeiro« auf ein Riff nahe Fort Point. Mit seiner Fracht von asiatischen Auswanderern – und einer amerikanischen Crew, die kein Chinesisch sprach – kehrte das Schiff gerade aus Hongkong zurück. Es sank in nur 20 Minuten. Ein Gericht stellte fest: »Der Nebel war so dicht, dass kein Tageslicht durchdrang. Es war sehr dunkel – bei spiegelglatter See.« Von den 210 Menschen an Bord überlebten 82. Im Juli 1902 wurde das Ruderhaus bei Baker Beach an Land gespült. Drinnen fand man die halb verweste Leiche des Kapitäns William Ward, der geschworen hatte, er werde mit seinem Schiff untergehen.

Um den Leuchtturm bei Point Bonita zu erreichen, fahren Sie die Küstenstraße entlang, die bei Marin Headlands auskommt, bis Sie den Ausgangspunkt erreichen. Ein kurzer, steiler Weg führt zu einem Tunnel. Eine Hängebrücke für Fußgänger schließlich trägt Sie über die tosenden Wellen zum Turm, dessen Licht fast 30 Kilometer weit reicht.

Adresse Point Bonita Trailhead, Field Road, Sausalito, CA, 94965, www.nps.gov/goga/pobo.htm | **ÖPNV** Bus 76X, Haltestelle Field Rd & Light House | **Öffnungszeiten** Sa–Mo 12.30–15.30 Uhr | **Tipp** Sorgen Sie für gutes Schuhwerk und wetterfeste Kleidung, um sich gegen die eisigen Winde zu schützen.

63 __Levi Strauss & Co.

Geburtsort der 501

Nach der Ära des kalifornischen Goldrauschs, die 1948 eingesetzt hatte, machte San Francisco sich daran, die Edelmineralien
in Maschinen umzumünzen. Nach und nach schossen hier Unternehmen aus dem Boden – Mühlen, Werften, Rinderzuchten, eine
Sprengstofffabrik – und eine Kurzwarenfirma, die Bettzeug, Geld-
börsen, Handtücher und Kleidung verkaufte. Geführt wurde sie von
einem ewig unverheirateten Bayern namens Levi Strauss.

Unter den Kunden des Großhändlers befand sich auch der russi-
sche Wanderschneider Jacob Davis, der in den 1870ern sein Quartier
in Reno aufgeschlagen hatte.

Eines Tages betrat eine Frau seinen Laden und fragte nach einer
Arbeitshose für ihren Mann – einen Holzfäller. Davis bot ihr Hosen aus Segeltuch und schwerem Baumwoll-Denim an; sie waren mit
Kupfernieten verstärkt; ein charakteristisches Muster aus orangefar-
benem Garn zierte die Gesäßtaschen.

Die sogenannten »Bluejeans« waren ein Übernacht-Erfolg. 1873
half Strauss Davis dabei, sich das Patent zu sichern, und widmete
eine seiner Fabriken dem neumodischen Beinkleid. Es erhielt die
Parzellennummer 501.

1902 starb Strauss; 1906 erledigte das Erdbeben den Rest: Büros und Werkstätten wurden vollständig zerstört. Schon bald jedoch
wurde das Unternehmen in 250 Valencia Street wiederaufgebaut –
damals Durchgangsstraße eines verschlafenen Viertels.

Das zweistöckige Haus mit Holzrahmen war die letzte Levi-Fabrik
der USA; sie schloss 2002. Heute befindet sich hier eine Grundschule
der Quäker. Die Böden des Originalgebäudes blieben jedoch erhalten.
Den Empfang bildet der Urtyp eines leviesken Ladentischs. Beach-
ten Sie auch den großen Spielplatz vor dem Komplex, der heute noch
immer dem gleichen Zweck dient wie anno dazumal. Früher wurden
hier die Kinder der Arbeiter beschäftigt, heute bespaßt man die Kids
jener Familien, die in der »Stadt in den Wolken« zur Arbeit müssen.

Adresse 250 Valencia Street, San Francisco, CA, 94103 | **ÖPNV** Bus 22, Haltestelle 16th St & Valencia St; Bus 49, Haltestelle Mission St & 14th | **Öffnungszeiten** öffentlich nicht zugänglich, nur von der Straße aus zu sehen | **Tipp** Das Levi Strauss Visitor Center ist in 1155 Battery Street zu finden, täglich von 10 bis 17 Uhr geöffnet; der Eintritt ist frei.

64_ Die Lyon Street Steps
Wo Gesundheit auf Wohlstand trifft

Entlang dem Ostrand von Presidio, unterhalb der Bergzüge, die das Rückgrat des Villenviertels Pacific Heights bilden, stoßen Sie auf eine Treppe, die einst die Nobelgegend mit Marina District unterhalb verband. Bekannt ist sie als Lyon Street Steps – insgesamt 244 Stufen an der Zahl, die einen steilen Hang hinabführen, an manikürten Hecken und üppigen Blumengärten vorbei.

Beginnen Sie den Abstieg, liegt links Presidio mit seinen Eukalyptushainen und Mammutbäumen; rechts erblicken Sie einige der prächtigsten Anwesen San Franciscos. Dies ist Teil der »Gold Coast«. Zu den Hausherren zählen etwa der Komponist Gordon Getty, die ehemalige Sprecherin des Repräsentantenhauses Nancy Pelosi oder Oracle-Gründer Larry Ellison – einer jener Tech-Tycoons, die nicht nur die soziale Schichtung der Stadt verändern, sondern auch ihr wohltätiges Gesicht.

Stufe für Stufe entführt es Sie zurück in die Belle Époque samt sagenhaftem Blick auf die Bay; vielleicht gar fühlen Sie sich verführt, sich altmodischer Körperertüchtigung zu befleißigen: Zu jeder Tageszeit sieht man hier Männer und Frauen in Fitness-Montur mit Rucksack auf dem Rücken und Stöpseln in den Ohren die Stufen hinauf- und hinablaufen. In diesem Sinne präsentiert die alte Stiege ein aktuelles Selfie der nordkalifornischen Mentalität in Sachen Gesundheit und Körperbewusstsein.

Auf halber Strecke abwärts liegt ein eleganter Garten mit einer auffälligen Skulptur in Form eines goldenen Herzens, darauf gemalt ein roter Kranich im Flug. Die Installation nennt sich »Migrant Heart« und stammt von Hung Liu, Professorin am Mills College in Oakland. 2004 wurde das Werk als Teil einer karitativen Aktion enthüllt. Der Kranich entsteigt den Eierschalen, um die Welt kennenzulernen – genauso wie sich jedes Jahr neue Einwanderer in den USA versuchen. Der goldene Hintergrund symbolisiert dabei die Hoffnung.

Adresse Lyon Street zwischen Broadway Street & Green Street, San Francisco, CA, 94123 | **ÖPNV** Bus 3, Haltestelle Jackson St & Baker St; Bus 41, 45, Haltestelle Union St & Lyon St | **Tipp** Weiter unten liegt der Palace of Fine Arts, das einzige Gebäude der Panama-Pacific Exposition von 1915, das sich noch am Originalstandort befindet.

65 Macondray Lane
Geschichten einer Stadt

Wenn je eine Stadt gut zu Fuß zu erkunden war, dann diese. Wie sonst kämen Sie in den Genuss, all den abgelegenen Pfaden zu folgen, bis in die letzten Winkel und Nischen hineinzuspähen, verwunschene Treppen zu erklimmen, wo Sie unweigerlich das Gefühl überkommt: »Wenn nur dieser kleine Bungalow da meiner wäre oder wenn ich jenen Ausblick dort kaufen könnte – ja, dann wäre mein Leben perfekt.«

Selbst wenn wir einmal annehmen, dass Sie etwa in Macondray Lane – jenem zauberhaften, einsamen Pflastersteinweg mit dem adretten Spalier ganz vorn und weiter hinten der Klippe samt üppigem, durchwuchertem Wald voller aufragender Eukalyptusbäume, farbenprächtiger Blüten und tiefgrüner Farne auf der Nordseite des Hügels – ein ultraschickes Häuschen in minimalistischem Design für sich fänden, direkt neben der Buddha-Statue mit dem kleinen Wasserfall und mit 180°-Rundblick auf Stadt und Bucht mit ihren Sehenswürdigkeiten – wie beispielsweise Coit Tower, Alcatraz oder Fisherman's Wharf –, und wenn Ihr Häuschen dann noch einen Vordereingang hätte, der der Schottentür eines U-Boots gliche: Selbst mit allen diesen Annehmlichkeiten – Machen wir uns nichts vor! – bliebe Ihr Leben das gleiche Drama, das es auch jetzt schon ist, nur mit anderen Requisiten.

Macondray Lane jedoch gibt es immerhin wirklich. Das nur zwei Blocks umfassende Sträßchen liegt auf der Spitze der Anhöhe Russian Hill; sie ist nach den russischen Seefahrern benannt, die hier im 19. Jahrhundert begraben wurden. Die wohl bezauberndste Strecke liegt zwischen der Jones und der Taylor Street, von der aus man über eine steile und schmale Holztreppe hinaufsteigt.

San Franciscos Chronist Armistead Maupin wählte Macondray Lane zum primären Handlungsort seines Romans »Tales of the City«, wenngleich er die Namen änderte: »Das Haus lag in der Barbary Lane ... Es handelte sich um ein zweistöckiges Gebäude aus braunen Schindeln. Mary Ann erinnerte es an einen alten Bären, in dessen Fell sich Laub verfangen hatte. Sie mochte es auf Anhieb.«

Adresse Macondray Lane, San Francisco, CA, 94133 | **ÖPNV** Bus 41, 45, Haltestelle Union St & Leavenworth St | **Tipp** Erkunden Sie auch das bezaubernde russische Viertel auf dem Flanierweg, lauschen Sie dem Rumpeln der Cable Cars und essen Sie im renommierten Stones Throw zu Abend (1896 Hyde Street).

66 Das Malloch Building
Für Kurvenliebhaber

Die weithin sichtbare, schnittige Yacht von einem Haus auf der Spitze von Telegraph Hill wurde 1937 von Jack and John Malloch erbaut und nach Vater und Sohn benannt. Architekt war Irvin Goldstine, dessen Firma Büros in der Innenstadt und in Menlo Park unterhielt. Wenig ist über ihn oder seine anderen Arbeiten bekannt; der scheinbar wankende Gigant jedoch gilt als stolzer Ausdruck eines Stils, der sich als »Streamline-Moderne« einen Namen machte. Seine Anfänge liegen im frühen 20. Jahrhundert – in der Vorstellungskraft des italienischen Architekten und Futuristen Antonio Sant'Elia. Dessen atemberaubende städtebauliche Utopien inspirierten Fritz Langs legendäres »Metropolis« von 1927 und Ridley Scotts Kultklassiker »Blade Runner«.

Bis ins kleinste Detail verpflichtet sich das Malloch Building der Streamline-Ästhetik, einschließlich eines Sgraffitos des Wandmalers Alfred Dupont. Das Gebäude ist vollständig so erhalten, wie es am Tag seiner Einweihung dastand; auch die Freiluft-Lobby mit üppiger tropischer Bepflanzung und riesigen Monstera-Blättern, umrahmt von sandgestrahlten Fenstern und geometrischen Wolken-Bildern im Art-déco-Stil, sah damals exakt so aus wie heute.

Der Original-Aufzug in einem rückbeleuchteten Schaft aus Glasziegeln transportiert Sie zu diversen Etagen. Wohin Sie auch schauen, sehen Sie Kurven. In jedem Apartment ist das Esszimmer rund, der Art-déco-Kamin ist rund, selbst das Licht scheint gerundet durch die raumhohen Fenster zu fallen, durch die sich wiederum unvergleichliche Ausblicke auf die Bucht bieten. Kein Wunder also, dass das Haus als Filmset diente: 1947 wurde hier »Das unbekannte Gesicht« mit Lauren Bacall und Humphrey Bogart in den Hauptrollen gedreht. Noch immer sind die Fenster aus Ätzglas und die stylishen Geländer zu bestaunen, an denen entlang Bacall Bogart ins dritte Stockwerk hoch sirente, um ihm in Apartment Nummer 10 »The Kiss« zu verabreichen.

Adresse 1360 Montgomery Street, San Francisco, CA, 94133 | **ÖPNV** Straßenbahn F-Line (Streetcar), Haltestelle The Embarcadero & Greenwich St | **Öffnungszeiten** privates Apartmenthaus; der Hof kann besichtigt werden | **Tipp** Schauen Sie sich im Coit Tower, oben an den Filbert-Treppen, die Wandfresken im Stil des Sozialistischen Realismus von 27 verschiedenen Künstlern an.

67 __ Der Maori-Surfer

Alles im Fluss

Allmählich entwickelt sich Outer Sunset District am Meer zum »neuen Mission District« – trotz vernebelter Tage und der geografischen Isolation. Lange war diese eher bräsige Strandgegend Homebase der Surfer; heute gilt sie als neues In-Viertel für junge Kreative. Stets war Mission District für seine Mauerbilder berühmt; nun holt Outer Sunset District mit dieser Tradition auf.

Fahren Sie morgens zur Noriega Street zwischen 45th und 46th Street hinaus, wird Ihnen an der Ecke der Surfboard-Shop »Church of Surf« auffallen, der in der ehemaligen lutheranischen Kirche »Holy Spirit« angesiedelt ist. Eine Tür weiter liegt »Devil's Teeth«, eine trendige Bäckerei mit bepflanzter Holzterrasse und einer Menschenschlange vor dem Eingang, die auf ihre Frühstückssandwiches wartet. Daneben verkauft ein Laden Schuhsohlen aus recycelten Reifen, und noch weiter hat »San Franpsycho« siebbedruckte T-Shirts und hausgemachte Kleidung im Angebot. Das alte und das neue San Francisco, Seite an Seite.

Sehr wirkungsvoll eingefangen ist das Wesen des Viertels in einem stockwerkhohen Wandbild über diesen Geschäften: die Airbrush-Darstellung eines Surfers, der dramatisch mit einer Seeschlange ringt und dabei eine geradezu religiöse Inbrunst an den Tag legt. Der Mauerschmuck soll einen wellenreitenden Maori-Krieger darstellen, vielleicht Melville's »Queequeg« aus »Moby Dick«. Urheber Zio Ziegler ist ein junger Maler aus der Bay Area, der sich auf Großformatiges unter freiem Himmel spezialisiert hat: »Ich bin immer ein Fan starker Symbolik und des Gewichts gewesen, das sie trägt – alles von altägyptischer Kunst bis Dada. Dieselben Zeichen findet man in Zillionen Epochen wieder, aber sie stellen jeweils etwas anderes dar, abhängig von ihrem jeweiligen Hintergrund.«

Es gibt jene, die meinen, San Francisco habe seinen Zauber eingebüßt. Wer jedoch dieses Wandbild sieht, weiß es spontan besser: Nichts ist verloren, alles nur im Fluss.

Adresse 3830 Noriega Street, San Francisco, CA, 94122 | **ÖPNV** Bus 71, 71L, Haltestelle Noriega St & 45th Ave | **Tipp** Wie Sie Ihr eigenes Surfboard designen und bauen, lernen Sie in einer Privat-Einzelstunde bei Sunset Shapers (3896 Noriega Street).

68 Marilyns Wunschkirche

Fischers Frau

Am Rand von Washington Square ragt ehrfurchtgebietend Saints Peter and Paul Church mit ihren markanten Zwillingstürmen auf. Erbaut wurde die Kirche 1912 als Vorposten der Salesianerinnen, Schwestern der »Society of Saint Francis de Sales«, die im 19. Jahrhundert vom Priester John Bosco gegründet wurde. Sein Motto: »Gebt mir eure Seelen und behaltet den Rest.«

Der »Rest«, das waren Herz und Verstand jener Einwanderer, die dem Viertel North Beach seine italienische Identität verliehen. Im Zentrum dieser Communities stand stets unverrückbar diese Kirche, zu der auch eine Schule gehört, die jedoch für den »Salesian Boys' and Girls' Club« wohl am bekanntesten ist. Stets hat der Club die Kinder der Großfamilien angezogen; seine Sportteams – insbesondere im Baseball – sind Talentschmieden von herausragendem Ruf.

Zu den frühen Gemeindemitgliedern gehörten auch ein sizialianischer Fischer und seine Frau, die DiMaggios, deren Sohn Joe Baseballs bis in die Stratosphäre katapultierte. Aus ihm wurde der »Yankee Clipper« – einer der besten Spieler, die der Sport je hervorgebracht hat. 1939 heiratete er hier seine erste Frau Dorothy Arnold, Heldin des B-Movie-Klassikers »The Phantom Creeps«.

Joes zweite Frau war Marilyn Monroe. DiMaggio soll gehofft haben, die aufstrebende Schauspielerin mit dem markanten Zwillingsvorbau in Saints Peter and Paul zu ehelichen, was ihm als Geschiedenem nach katholischer Lehre jedoch versagt wurde. Dennoch ließen sich die Frischvermählten nach der zivilen Trauung auf den Stufen des Gotteshauses strahlend ablichten. 1999 fand auch DiMaggios Beerdigung hier statt.

Ebenso spielte ein Teil des Romans »Forellenfischen in Amerika« von Richard Brautigan in dieser Basilika; das Filmset von »Dirty Harry« mit Clint Eastwood war 1971 genauso vor Ort. Am ersten Sonntag im Oktober bewahrt eine Prozession zur Fisherman's Wharf eine alte sizialianische Tradition: den Fischersegen.

Adresse 666 Filbert Street, San Francisco, CA, 94133, sspeterpaulsf.org/church | **ÖPNV** Bus 8X, 41, 45, Haltestelle Columbus Ave & Union St; Bus 30, Haltestelle Columbus Ave & Filbert St | **Öffnungszeiten** täglich 7–18 Uhr | **Tipp** Ein warmes Wurstsandwich aus getoastetem Focaccia-Brot mit grünen Zwiebeln ist ein Muss im »Mario Bohemian Cigar Store and Café« jenseits des Parks an der Ecke Union und Green Street.

69__Das Martin Luther King Jr. Memorial

Have a Dream

Jede amerikanische Stadt hat ihren »Times Square«. San Franciscos Identitäts-Zentrum liegt (wohl) zwischen der 3rd und 4rth Street in Yerba Buena Gardens, Mission District. Lage und Atmosphäre lassen die Vermutung zu, dass das Ego der Golden City sich ruhiger, gelassener, selbstbezogener, weniger heterogen (ethnisch, ökonomisch) und trotz des Rufes als »linke Küste« zunehmend reservierter gestaltet als, sagen wir, das von Manhattan.

Picknicken Sie im Gras von Yerba Buena Gardens, wird Ihnen vielleicht die sehr irisch-katholisch geratene St. Patrick's Church auffallen, die mit ihrer Glorie aus dem vorvergangenen Jahrhundert tapfer gegen die um ein Vielfaches höheren Wolkenkratzer antrotzt. Inmitten all der Hypermodernität gemahnt die Kirche daran, dass San Francisco noch immer eine Kleinstadt ist, irgendwie auch leicht gotisch und ganz sicher überquellend von großen Ideen.

Die Gardens gehören zum Yerba Buena Center for the Arts, das viel auf kommunaler Ebene arbeitet. Die Gärten neben dem Moscone Center umfassen mehrere Museen, darunter das Contemporary Jewish Museum, das Cartoon Art Museum, das Children's Creativity Museum, das Museum of the African Diaspora und jenseits 3rd Street das San Francisco Museum of Modern Art.

Herzstück von Yerba Buena jedoch ist »Revelation«, das Martin-Luther-King-Denkmal der Stadt, 1993 von Bildhauer Houston Conwill, Dichterin Estella Conwill Majozo und Architect Joseph DePace errichtet. Das eigentliche Denkmal verbirgt sich hinter einer 15 Meter langen Wasserwand, die sich aus einem Becken voller Lichtreflexe speist. Hinter dem Wasserfall befinden sich 12 Glastafeln mit berühmten Zitaten Kings. Jedes ist in zahlreiche Sprachen und Dialekte übersetzt. Hier ertrinkt der Lärm der Stadt; ein idealer Ort, um über das Ego oder den Begriff »Community« nachzudenken.

Adresse 750 Howard Street, San Francisco, CA, 94103, www.yerbabuenagardens.com | **ÖPNV** Bus 14, 14L, Haltestelle Mission St & 4th St | **Tipp** Tanken Sie Sonne und genießen Sie eine erlesene Auswahl an Tees in der Samovar Tea Lounge in Yerba Buena Gardens.

70__Die Mauerbilder
Morgendämmerung

Bis vor ein paar Jahren, bevor es hier vornehmer zu werden begann, verehrten die Latinos von Mission District Frida Kahlo als Lokalheilige und Diego Rivera als künstlerischen Leiter ihres Viertels. In den 1930ern hatte er das »Mexican Mural Movement« nach San Francisco gebracht, das in den 1970ern seine zweite Blüte erlebte. Balmy Alley war ihr Zentrum. 1972 malten die »Mujeres Muralistas«, eine kleine Gruppe von Chicana-Künstlern, ihre ersten Arbeiten auf hölzerne Garagentüren und Zäune der engen Gasse. Ihre Mauerbilder waren politische Statements gegen Krieg und Ungleichheit mit spezifisch feministischer Färbung; sie feierten die Kraft des Irdischen – Frauen, Kinder und Zyklen der Natur. Tausende vor den Bürgerkriegs-Unruhen in Nicaragua, El Salvador und Guatemala Geflohene fanden in den 1980ern hier eine zweite Heimat; die Kunst an den Wänden spiegelte ihre Kämpfe und Mühen.

Seither hat jede Welle von Einwanderern bleibende Eindrücke hinterlassen: Das jüngst restaurierte Gemälde »Culture Contains the Seed of Resistance that Blossoms into the Flower of Liberation« gehört zu den 25 Freiluftformaten, die hier 1985 entstanden. Das Kultbild »Naya Bihana« (»Morgendämmerung«), das Martin Travers 2002 hinterließ, widmet sich den Frauen in Nepal und den Ketten der Unterdrückung, die sie abzusprengen versuchen – das Kernthema vieler Großgemälde hier.

Auch die in den späten Neunzigern einsetzende Gentrifizierung des Viertels fand Ausdruck, etwa mit Lucia Ippolitos »Mission Makeover«, das einen Teenager zeigt, der von einem Starbucks Coffee trinkenden Polizisten gefilzt wird, oder mit »Victorion« von Sirron Norris, wo ein gigantischer Roboter, der sich aus viktorianischen Häusern zusammensetzt, Projektentwickler unter sich zermalmt.

Zu schön, um wahr zu sein: Erst kürzlich wurde an einer Garage, die an die Alley angrenzt, eine Überwachungskamera installiert. Schmierereien unerwünscht.

Adresse 1–100 Balmy Street, San Francisco, CA, 94110 | **ÖPNV** Bus 12, 14, Haltestelle Mission St & 24th; Bus 48, 67, Haltestelle Folsom St & 24th St | **Tipp** Gönnen Sie sich die köstlichen Tacos bei El Gallo Giro Taco Truck an der Ecke Treat Street/23rd Street.

71___Mavericks

Das Surferparadies

30 Autominuten südlich der Stadt liegt ein berühmtes Surfer-Eldorado. Es liegt gut drei Kilometer vor der Küste vor einem Örtchen namens Princeton-by-the-sea, nördlich der Half Moon Bay. Der raue Wellengang im Winter sorgt zuweilen für gigantische Wellen von Hawaii-Format, die eine Höhe von über 25 Metern Höhe erreichen können. Seit Jahren ist dies ein nahezu mythischer Ort, denn Kalifornien ist sonst nicht für Riesenwogen bekannt. Benannt ist er nach einem weißen Schäferhund names Maverick, der eine Gruppe einheimischer Surfer begleitete, die den Flecken 1967 entdeckten, ihn jedoch für zu gefährlich hielten.

Der erste Mensch, der Mavericks auf dem Surfbrett bezwang, war der 17-jährige Jeff Clark; er studierte die kolossalen Brecher sorgfältig, bevor er 1976 den Jungfern-Ritt wagte. Die nächsten 15 Jahre hatte Clark Mavericks weitgehend für sich allein; erst 1990 schlug die Szene hier auf. Seither ist der Surf-Spot eines ihrer Heiligtümer. Sogar Apples zehntes Betriebssystem von 2013 ist nach ihm benannt: OS X Mavericks.

Jährlich finden hier Wettkämpfe statt; die Preisgelder belaufen sich auf bis zu 150.000 Dollar. AT&T Park, Heimspielstätte der San Francisco Giants, überträgt das Spektakel meist live auf seinen ebenso gigantischen Videowänden.

Die Wellen rühren von den geologischen Eigenschaften der Küste bei Pillar Point her; hier liegt eine Unterwasserrampe von rund 500 Metern Länge, die auf die Küste zuläuft und zum Ufer hin ansteigt. Tiefere Sohlen links und rechts verringern das Tempo der Welle, während sie sich dem Flachwasser nähert; sie bricht und nimmt eine V-Form an. Der Surfer kann die Welle von rechts oder links nehmen, wobei der Linksritt als gefährlicher und weniger vorhersehbar gilt.

Mark Foo, ein bedeutender Vertreter des Sports, ertrank 1994 bei Mavericks. Sein Tod wurde filmisch in der Surf-Dokumentation »Riding Giants« festgehalten.

Adresse Pillar Point, Half Moon Bay, CA, 94018, www.titansofmavericks.com | **ÖPNV** SamTrans 17, Haltestelle Avenue Alhambra & Vallejo St/Carmel Ave stop | **Tipp** Fahren Sie bei Jeff Clark's Mavericks Surf Shop in 25 Johnson Pier in Pillar Point Harbor vorbei.

72 Das Mechanics' Institute
Beautiful Minds

Das Beaux Arts Building, das »Haus der schönen Künste« in der Post Street, gelegen im geschäftigen Financial District, nur wenige Schritte vom lärmenden Union Square entfernt, beherbergt auch eine Oase für Ratio und Intellekt: das Mechanics' Institute of San Francisco. Es gehört zu jenen Organisationen, die im späten 19. Jahrhundert überall im Land eröffnet wurden, um den Arbeitern eine Verfeinerung ihrer Kenntnisse und Techniken zu ermöglichen. 1854 gegründet, um arbeitslos gewordenen Minenarbeitern zu helfen, hat das Institut den Schwerpunkt seiner Sammlung nach und nach auf Literatur, Philosophie, Finanzwesen und seltene Fachzeitschriften verlagert. Es ist die älteste Bibliothek der West Coast.

In der Lobby des achtstöckigen Gebäudes sehen Sie ein beeindruckendes, in düster-melancholischen Farben gehaltenes Wandbild, das Arthur Mathews für die Panama-Pacific International Exposition von 1915 malte. Lobby und Treppenhaus sind in rosafarbenen und schwarzen Marmor gewandet. Die elegante Wendeltreppe führt bis zum dritten Stock; dort erwartet Sie ein kleiner Filmvorführraum, der auch Nichtmitgliedern offen steht; hier werden jeden Freitag – bei einer standesgemäßen Popcornorgie – amerikanische und internationale Klassiker gezeigt, während die Bibliothek in ihrer Gediegenheit an einen exklusiven Herrenclub erinnert. Im Institut ist auch der älteste Schachclub der USA ansässig; der Schachraum mit seinen vornehmen Thonet-Stühlen ist zwar nur für Mitglieder zugänglich, allerdings kann man sich Fotos von der Vereinsgeschichte im Flur ansehen. 2007 holte Clubmitglied Daniel Naroditsky die Goldmedaille für Jungen unter 12 Jahren bei den Jugendweltmeisterschaften im Schach.

Obwohl es sich um einen Privatverein handelt, stehen viele interessante Erfahrungen, Besichtigungen und Guided Tours auch Besuchern offen. Um sich Bücher aus der Bibliothek auszuleihen oder an Schachspielen teilzunehmen, muss man allerdings Mitglied sein. An jedem Mittwoch gibt es mittags eine kostenlose Besichtigungstour.

Adresse 57 Post Street, San Francisco, CA, 94104, www.milibrary.org, Tel. +1 415.393.0101 | **ÖPNV** Bus 2, Haltestelle Post St & Montgomery St stop; Bus 3, Haltestelle Sansome St & Sutter St | **Öffnungszeiten** täglich 9 – 18 Uhr | **Tipp** Eine der schönsten Kunstgalerien San Franciscos ist »Modernism« in 685 Market Street.

73 __ Das Meereshaus

Die Phantasie flottmachen

Gleich neben Fisherman's Wharf treffen Sie auf ein Gebäude, das einer gigantischen Yacht ähnelt: Das San Francisco Maritime Museum ist ein architektonisches Kuriosum von irreführender Fernwirkung. Denn hier geht es nicht auf große Fahrt, sondern das Haus im Stil der Streamline-Moderne, mit dessen Bau 1936 im Rahmen des »New Deal« als Arbeitsbeschaffungsmaßnahme begonnen wurde, sollte ursprünglich ein Schwimmbad werden.

Erst in den 1950ern wurde es zu einem Museum umgestaltet, das Fotografien und skurrile Schätze aus dem frühen 20. Jahrhundert zeigte – einer Ära, in der das berüchtigte Rotlichtviertel Barbary Coast gerade seine Höhepunkte erlebte und Jack London die Vernarrtheit der Stadt in die Boheme, die freie Natur und den Sozialismus verkörperte.

Interessanter noch als die alten Kai-Geschichten jedoch ist die hier ausgestellte Kunst, insbesondere die Wandbilder von Hilaire Hiler und Sargent Claude Johnson. Hiler (1898–1966), den Henry Miller in Anspielung auf dessen Namen als einen »saukomischen (hilarious) Maler« bezeichnete, an den er »mit dem Entzücken des absurden Frohsinns« denke, war ein echter Renaissance-Mensch. Bekannt wurde er vor allem als Farbtheoretiker. Seine wändefüllenden Werke sind jedoch nicht minder faszinierend. Sie erforschen eine Unterwasserwelt von zunächst kindlich wirkender Phantastik. Erst bei näherem Hinsehen enthüllt sich das volle Spektrum von Hilers überschießender Imagination.

Sargent Claude Johnson (1888–1967) war ein gefeierter schwarzer Bildhauer, Keramiker und Maler. Seine abstrakteren Großformate förderte das Federal Arts Project. »Das ist das Beste, was mir je passiert ist, denn es hat meinen Schaffensdrang erst so richtig angefacht. Ich wollte schon aufgeben, denn ich komme aus einer Familie, in der man Künstler für versoffene Rumtreiber hielt«, notierte Johnson 1964.

Adresse 900 Beach Street, San Francisco, CA, 94109, Tel. +1 415.561.7100 | **ÖPNV** Bus 19, 30, 47, Haltestelle North Point St & Polk St | **Öffnungszeiten** täglich 10–16 Uhr | **Tipp** Gönnen Sie sich den berühmten Irish Coffee im historischen Buena Vista Cafe gegenüber in 2765 Hyde Street.

74 Die Moraga Street Steps
Stairway to Heaven

Die Stufen der Moraga Street sind ein besonders inspiriertes Beispiel für Umgebungskunst, die alles Umliegende ins Magische zu überhöhen scheint und dennoch geerdet wirkt. Ein Teil ihres Zaubers rührt vom Blick auf den Pazifik her, der in der Ferne glitzert; beinahe scheint es, als wolle er die Treppenflucht hinaufkriechen – alle 116 Stufen hoch.

Die Basis der Stiege bildet ein Mosaik aus Fliesen; es beginnt unter dem Meeresspiegel, arbeitet sich zur Wasseroberfläche empor, kriecht an Land, in die Luft, und während Sie sich dem oberen Ende nähern und der Himmel im Blickfeld erscheint, verändert sich die Szenerie ins Unwirkliche – bis schließlich die Sonne aufstrahlt. Ein kraftvoller Dialog von Form und Inhalt.

Während Sie die Stufen hochsteigen, erheben Sie sich vom Marin-Uterinen zu himmlischen Höhen, zum strahlenden Tag, sowohl körperlich wie auch geistig. Das Konzept enthüllt sich jedoch erst Schritt für Schritt. Entlang des Weges vibrieren die polierten Kacheln im hellen Westlicht. Prächtige Farben entlang des Hangs gesellen sich zum bunten Getriebe und Getümmel anderer Lebensformen hinzu.

Urheberinnen des Mosaiks sind die einheimischen Künstlerinnen Aileen Barr and Colette Crucher. Einzigartig an ihrem Kachelwerk sind die 2.000 handgefertigten Fliesen in Form von Fischen, Blumen, Vögeln, Sternen, viele mit eingravierten Namen von Sponsoren und freiwilligen Helfern. Jede einzelne Kachel ist ein Kunstwerk für sich.

Die Treppe gibt es schon seit den 1920ern; ursprünglich jedoch war sie schmucklos. Erst 2005 konnte das Mosaik mit dem Segen der Stadt und der begeisterten Mithilfe von mehr als 300 Menschen fertiggestellt werden, darunter eine lokale Fliesenfirma, die die Installation übernahm. Neben anderem haben sich die Künstlerinnen von der Escadaria Selarón in Rio de Janeiro inspirieren lassen und sind nun an mehreren anderen Treppenprojekten San Franciscos beteiligt.

Adresse 1700 16th Avenue, San Francisco, CA, 94122, www.tiledsteps.org | **ÖPNV** Bus 66, Haltestelle 16th Ave & Moraga St stop | **Tipp** Oben angekommen, gehen Sie nach rechts zur 15th Avenue. Dort finden Sie eine kleinere Holztreppe, die zum Grandview Park führt. Tatsächlich: Der Panoramablick auf die Outer Sunset Avenues zum Strand hin, mit dem Golden Gate Park seitlich, ist in der Abenddämmerung besonders atemberaubend.

75___Das Musée Mécanique

Liebestester und Laughing Sal

In einem Zeitalter, in dem das Abgelegte wieder angesagt ist und das Olle cool, gibt es keine faszinierendere Zeitmaschine als das Musée Mécanique, das Sie an Pier 45 erwartet, nahe Fisherman's Wharf.

Die Stars hier sind Hunderte von Münzmaschinen, die bis ins 19. Jahrhundert zurückreichen – eine der weltweit größten Sammlungen ihrer Art. Eingefangen ist jene Form der Magie, die von Zahnrädern, Hebeln, Seilrollen und Nockenwellen ausgeht und einst die industrielle Revolution befeuerte. Ihre Wurzeln jedoch gehen auf die Illusion des »Schach spielenden Türken« zurück, einer erstmals 1770 vorgeführten mechanischen Vorrichtung, die den Anschein erweckte, über einen eigenen Verstand zu verfügen. In Wahrheit kontrollierte ein Schachgenie verborgen im Schrank jeden einzelnen Zug.

In diesem Haus hingegen ist alles Magische voll mechanisch. Die Nutzung der Gerätschaften, die ständig gewartet werden müssen, kostet einen Quarter – ob Sie nun Musik oder Baseball spielen oder sich die Zukunft vorhersagen lassen. Es gibt »Liebestester« und ein Mutoskop, das Ihnen – peepshowmäßig – »das geheime Leben der Bauchtänzerinnen« enthüllt. Viele Maschinen sind mit prächtigen Dioramen ausgestattet, andere wurden aus Zahnstochern hergestellt – von Häftlingen in Alcatraz.

Bei den Einheimischen besonders beliebt ist die 1,85 Meter große »Laughing Sal« mit ihrem markerschütternden Gelächter. Auch die jüngere Geschichte ist präsent: Pinball-Maschinen und Vintage-Videogames aus den Achtzigern und Neunzigern.

Konzipiert wurde das Museum von Ed Zelinsky (1922 – 2004), einem Mechanoholiker, der eine Sammlung von 300 münzbetriebenen Spielen und Jahrmarktsattraktionen zusammentrug. Lange befand sich die Ausstellung in Playland, dem 1972 geschlossenen Freizeitpark der Stadt. Im Keller von Cliff House fand das Museum eine neue Heimat, zog 2002 zum Pier 45. Der Eintritt ist frei, die Automaten kosten etwas.

Adresse Pier 45, Shed A, San Francisco, CA, 94133, www.museemecaniquesf.com, Tel. +1 415.346.2000 | **ÖPNV** Straßenbahn F-Line, Haltestelle Jefferson St & Taylor St; Bus 39, Haltestelle Powell St & North Point St; Bus 47, Haltestelle North Point St & Mason St | **Öffnungszeiten** Mo–Fr 10–19 Uhr, Sa und So 10–20 Uhr | **Tipp** Aquatic Park mit seinem kleinen Sandstrand lädt zum Sonnenbaden oder Bootsfahren ein. Hier können Sie auch Mitgliedern des Dolphin Club beim Schwimmen – ohne Taucheranzug – in den eisigen Fluten der Bay zusehen.

76__National Cemetery Overlook

Die Spionin und die Puffmutter

The Presidio wurde 1776 von den Spaniern gegründet; sie siedelten hier bis 1822, als das Viertel den Mexikanern zufiel. 1846 schlug die U.S. Army zu und machte es zum Schauplatz diverser Gefechte. Das militärische Erbe endete erst mit dem Abzug der Sixth Army 1994.

Zwei Jahre später wurde Presidio privatisiert, viele der alten Baracken zu zivilen Zonen umgedeutet und vermietet. Zu den Mietern gehören Lucasfilm, das Walt Disney Family Museum und einige Restaurants wie etwa Presidio Social Club.

Für Besucher bietet der Stadtteil Dutzende Sehenswürdigkeiten; eigens zu nennen wäre jedoch San Francisco National Cemetery, ein Friedhof mit Aussicht, der 1884 eingerichtet wurde und noch heute zu den hiesigen Wahrzeichen zählt. Hinter Eukalyptusbäumen, hinter dem Hang mit Rasen und weißen Grabmarkierungen, verbirgt sich der »National Cemetery Overlook«, wo Sie phantastische Ausblicke auf die Bay und die Golden Gate Bridge erwarten.

Zu den hier Begrabenen zählen alte Kämpen wie Buffalo Soldier oder Irvin McDowell, ein General der Südstaatler, der die erste größere Schlacht des Bürgerkrieges schmählich verlor. Auch zwei interessante Frauen ruhen hier: so etwa »Miss Major« Pauline Cushman, eine Bühnenkünstlerin, die als Spionin für die Unionisten wirkte. Später machte P. T. Barnum sie zur Mata Hari seiner Manege. Gestorben ist sie 1893 in San Francisco – verelendet und allein. Bei der zweiten Dame handelt es sich um »Great Western« Sarah Bowman – Rotschopf, 1,85 Meter hoch gewachsen, Pistolenträgerin. In den Mexikanischen Kriegen arbeitete sie als Krankenschwester, betrieb später ein Bordell in El Paso und starb 1866 in Arizona an einem Spinnenbiss. Beerdigt wurde sie mit militärischen Ehren in Yuma und später nach San Francisco umgebettet.

Adresse 462–498 Nauman Road, San Francisco, CA, 94129, www.presidio.gov/explore/trails/Pages/national-cemetery-overlook.aspx | ÖPNV Bus 28L, 43, Haltestelle Letterman Dr & Lincoln Blvd | Tipp Folgen Sie dem dramatischen »Batteries to Bluffs Trail«, der Sie an den Klippen des Pazifiks entlangführt, bis nach Marshall's Beach. Auch hier sind die Ausblicke spektakulär.

77 __ Die Nebelbrücke
Luftmassen in Aufruhr

Kein Wetterphänomen ist so typisch für San Francisco wie der Nebel – und zwar in jeglicher Form. Da ist der ungestüme wilde Nebel, der den Verkehr auf der Golden Gate Bridge beutelt; der flüchtig-tragische, der herumliegt wie ein Obdachloser in kalten Downtown-Nächten, oder der schwärmend-lebhafte, Dunstschwaden, die durch den Golden Gate Park ziehen. Nebel – das ist die vollendete Metapher für jegliche Geheimnisse und Zweideutigkeiten dieser Stadt. Noir-Filmer haben ihn stets zu inszenieren gewusst.

Zudem ist er auch noch einzigartig in der Region: Hier tritt der feinperlige Brodem vorwiegend in den Sommermonaten auf und verfliegt bis zum Mittag; daher spricht man von »May gray« und »June gloom« – Maiengrau und Juni-Blues. Alles dies liegt daran, dass hier Pazifikwogen des 50. Breitengrades samt kalter, feuchter Luft aus Alaska mit dem warmen Binnenklima kollidieren: Luftmassen in Aufruhr. Eine Hommage an die berühmten Nebel ist eine kostenlose Dauerausstellung im Exploratorium: Das an den Piers 15 und 17 entlang dem Embarcadero gelegene Mitmach-Museum zeigt die Außeninstallation »Fog Bridge #72494« der japanischen Künstlerin Nujiko Nakaya. Sie umfasst den Gang über eine knapp 50 Meter lange, schmale Brücke, die beide Piers verbindet. Viermal am Tag entlassen 800 Hochdruckdüsen Explosionen aus Kunstnebel in die Luft. Urpötzlich sehen Sie in den dichten weißen Schwaden Ihre Hände vor Augen nicht mehr – eine so beunruhigende wie aufregende Erfahrung.

Sind Sie einmal hindurch, erwartet Sie das faszinierende Innenleben des Hauses, das die »New York Times« als »wichtigstes Wissenschaftsmuseum seit der Mitte des 20. Jahrhunderts« bezeichnete. Hunderte ständig wechselnder, meist interaktiver Exponate fordern Ihren Verstand heraus. Eine aktuelle Ausstellung, die unter dem Namen »Science of Sharing« läuft, gibt dem Besucher die Möglichkeit, sich selbst in Bezug auf soziale Interaktion zu erforschen. Dabei stehen besonders die Themen Konkurrenz und Zusammenarbeit im Vordergrund.

Adresse Exploratorium, Pier 15, San Francisco, CA, 94111, www.exploratorium.edu, Tel. +1 415.528.4444 | **ÖPNV** Stadtbahn (Light rail), Haltestelle Embarcadero & Green St (F-Line) | **Öffnungszeiten** 10 Uhr, 12 Uhr, 14 Uhr und 16 Uhr; donnerstags auch 19 Uhr | **Tipp** Zwei Blocks südlich, auf dem Ferry Building Marketplace am Embarcadero, Höhe Market Street, landen Sie im ultimativen Gourmet-Himmel San Franciscos.

78__Der Nebelwald
Kama Sutro

»Sutro« ist Bestandteil vieler über die ganze Stadt verteilter Ortsnamen. So gibt es die Sutro Baths im Lands End Park – Relikte eines überdachten Swimmingpools, des weltweit größten im ausgehenden 19. Jahrhundert. Hügelaufwärts gegenüber, an der Landspitze über Cliff House, gibt es einen Sutro Heights Park, an dem sich nämlich Adolph Sutro, Pionier des industriellen Goldabbaus, ein Anwesen erbaute, von dem aus er seine Luxusbäder und das Meer überblickte. Übrig sind zwei gemeißelte Löwen über einer ebenso steinernen Venus. Schließlich hätten wir noch den »cloud forest«, den Nebelwald auf Mount Sutro; zu bieten hat er eine der sinnenbetörendsten und zugleich unbekanntesten Spazierrouten der Stadt.

Auf der 250-Meter-Erhebung steht eine 300 Meter hohe, dreibeinige Stahlkonstruktion, der – richtig – Sutro Tower, Fahnenstange und Antenne San Franciscos. Im wörtlichen wie im symbolischen Sinne überträgt sie die Kommunikationssignale der Stadt, einschließlich Radio, TV, Wireless und Mobile.

Von allen Sutros jedoch ist vielleicht der nördliche der magischste: Mount Sutro Open Space Preserve umfasst den 100-jährigen Mount Sutro Forest. Er besteht aus 32 Hektar Eukalyptushain, manche Exemplare sind 60 Meter hoch. Mit 46 bekannten Arten ein Paradies für Vogelfans – einschließlich solch rarer Ornithologen-Stars wie dem Virginia-Uhu, dem Ufertyrannen oder der Westschmätzertangare.

Durch die Grün-Oase (auch einen Besuch wert: das »Geographical Center«) schlängeln sich Wanderwege, keine exzessiv langen, aber umso begehenswertere, die sowohl von der Stanyan Street als auch von der Edgewood Avenue aus zugänglich sind: die perfekte Erholung vom Wüstenklima der Stadt in den aktuellen Dürrejahren. Wenn nachmittags erst der Nebel Einzug hält, erscheint die Vegetation besonders üppig und wohlduftend. Oft strömen die Menschen an diesen Ort, um für ein paar Stunden abzuschalten, eine Gehmeditation durchzuführen oder einfach die schönen Baumkronen über einem zu genießen.

Adresse Mount Sutro, San Francisco, CA, 94131, www.mntsutro.com | **ÖPNV** Bus 6, Haltestelle Parnassus Ave & Stanyan St; Bus 43, Haltestelle 1697 7th Ave | **Tipp** Am Osteingang des Waldes liegt Cole Valley mit seinen vielen hübschen Cafés und kleinen Läden, viele noch im Stil »Tante Emma«. Brunch gibt es bei Zazie, einem örtlichen Kultlokal in der 941 Cole Street.

79__Nimitz Mansion

Geheimer Ausblick von Yerba Buena

Immer ist San Francisco eine Stadt der Navy gewesen und feiert dieses Erbe noch heute einmal im Jahr mit einer brummend gut besuchten Flugschau der Blue Angels, einem Team von sechs Präzisionsfliegern der Marine.

Die Seefahrtsgeschichte des Umkreises erstreckt sich von der Schiffswerft Hunter's Point über die Mare-Island-Werften in Vallejo (mittlerweile beide geschlossen) und dem Flottenstützpunkt in Alameda, wo der Flugzeugträger »USS Hornet« aus dem Zweiten Weltkrieg liegt, bis nach Moffett Field in Sunnyvale, einst Heimat der U-Boot-Jäger des Kalten Krieges – und bald neuer Sitz von Google.

Dann gibt es da noch Yerba Buena Island, die den beiden Brückenspannen der Bay Bridge als Ankerpunkt dient und ebenfalls seit Langem militärisch genutzt wird. Über eine kurze Dammstraße ist die Insel mit Treasure Island verbunden; heute sind hier auch Einrichtungen der Küstenwache und des Heimatschutzministeriums ansässig; unter der östlichen Hälfte der Brücke, an der Kreuzung von Whiting Way und Garden Way, liegt Quarter One, besser bekannt als Nimitz Mansion. Das Offiziershaus im klassizistischen Stil mit seinen doppelten ionischen Säulen wurde 1900 als Kommandeursresidenz der Navy erbaut. Die grünen Außenanlagen dehnen sich bis zur Bucht aus; es erwartet Sie ein eindrucksvoller Blick auf die Bay Bridge, mit Oakland als malerischer Kulisse.

Hier ist es überraschend ruhig – obwohl obendrüber der Verkehr über Sie hinwegdonnert. Die multiplen Fernblicke, die man von hier aus hat, gehörten einst zum Haus eines der größten Marine-Generäle der USA, Chester K. Nimitz. Während des Zweiten Weltkrieges orchestrierte der Flottenadmiral und überragende Stratege bedeutsame Siege in der Schlacht um Midway und im Golf von Leyte.

Heute ist dieses Anwesen mit seinem kolonialen Charme Schauplatz von Halloween-Orgien oder Hochzeiten unterm Kirschbaum in den Barockgärten.

Adresse 1 Whiting Way, Treasure Island, San Francisco, CA, 94130 | **ÖPNV** Bus 108, Haltestelle Treasure Island Rd Guard Station | **Tipp** Die grünen Anlagen sind ideal für ein Sonntagspicknick mit Brückenblick.

80___ Ocean Beach
Laute Party, leiser Hai

Im Westen der Stadt liegt Ocean Beach, ein Strand, der sich von unterhalb Cliff House fast fünf Kilometer nach Süden erstreckt, bis zu den Klippen von Fort Funston. Er ist Teil der Golden Gate National Parks Conservancy, ein großes und stellenweise naturbelassenes Areal. Insbesondere der Abschnitt zwischen Lincoln and Sloat Street ist Wildnis pur: Dünen, hohes Ried, auch der gefährdete Schneeregenpfeifer tummelt sich hier. Zwischen Lincoln and Noriega Street finden Freiluft-Foodaholics ideale Bedingungen für ein Picknick vor; auch Menschen mit Drachen, Beziehungserneuerer und Sonnenuntergangsanbeter treffen Sie hier in flagranti an.

Im nördlichen Teil zwischen Lincoln Street und den Felsvorsprüngen von Cliff House hingegen wird öffentlich gebadet, geflirtet und allgemein spektakelt. Sich hier ein Feuerchen zu machen ist erlaubt; in warmen Nächten – selten in den Sommermonaten – sind Strand und Gehweg rappelvoll von Hipsters und Teenie-Bikinis.

Hinter Beach Chalet, dem großen einstöckigen Gebäude, das diesen Teil dominiert, gibt es eine sehr besuchbare Bar. Sogar Hunde dürfen entlang manchen Zonen von Ocean Beach frei laufen, etwa nahe dem Great Highway oder Ford Funston.

Auch Surfer lieben diese Ecke, insbesondere solche, denen die Zeit (oder der Mut) fehlt, sich die Fahrt bis zu Mavericks nahe der Half Moon Bay anzutun. Richtig Party ist am Fuß von Sloat Boulevard oder Lawton Street, auch unterhalb Cliff House, obwohl das felsige Gelände gefährlich ist und sich daher nicht als Surf-Spot empfiehlt.

Am besten kommt man morgens; als Parkplatz eignet sich jener des Little Great Highway. Die Brandungsrückströmung hier ist legendär; Kenner schwimmen daher parallel zum Strand, bis sie wieder heraus sind. Gelegentlich sieht man Lifeguards; Surfern und Badenden wird geraten, sich in deren Sichtweite aufzuhalten. Schließlich werden hier Haie gesichtet, der weiße inklusive.

Adresse Ocean Beach, Golden Gate National Recreation Area, San Francisco, CA, 94122 | **ÖPNV** Bus 31, Haltestelle Cabrillo St & La Playa St; Bus 16X, 71, 71L, Haltestelle Ortega St & 48th Ave; Stadtbahn (Light rail), Haltestelle Judah & La Playa St (N-Judah), Haltestelle Wawona St & 46th Ave (L-Taravel) | **Tipp** Hier dem Sonnenuntergang entgegenzuflanieren, ist ein Muss. An der Küste ist es oft kalt und windig; daher sorgen Sie besser für flexible Bekleidung.

81 Das ODC

Flashmob, Gay Pride, Carnaval

San Francisco ist eine Tanzstadt. Nicht nur gibt es hier ein halbes Dutzend Ballettensembles und ein Konservatorium, sondern auch das »Oberlin Dance Collective«, besser bekannt als ODC, in Mission District. Brenda Way hat bei George Balanchine studiert; heute gelten ihre Aufführungen als Inbegriff postmoderner Tanzinterpretationen, und ihre Truppe gehört zu den bedeutendsten Trendsettern der USA.

Besonders wichtig ist dem ODC der direkte Austausch mit den Menschen durch Performances, aber auch durch Kurse und Workshops. Alle werden von professionellen Tänzern geleitet, die ihre eigene Dance Company haben oder in anderen Häusern Pirouetten drehen. Die Kurse finden in einem von fünf Studios statt, stehen Anfängern, Fortgeschrittenen und auch bloßen Besuchern offen. Zwei der Studios sind groß genug für Klassen von mehr als 100 Eleven gleichzeitig. Neben Latein, Jazz, indischen und afrikanischen Tänzen gibt es den Hauptkurs »Rhythm and Motion«, der Menschen jeden Alters anzieht, die gern tanzen und zugleich etwas für die Fitness tun möchten. Die Begleitmusik ist ein eklektischer Mix aus Hip-Hop, Pop und Jazz. Jeder Song hat seine eigene Choreografie, die sich aus dem vollen Repertoire bedient; unabhängig vom Trainer bleibt sie gleich. Es gibt jedoch keine Regeln, wie man etwa tanzen »sollte«.

Die Lehrstunden sind so erfolgreich, dass sie mittlerweile die eigentliche Truppe samt Campus in der Shotwell Street größtenteils finanzieren. Das ODC ist so stark in der Community engagiert, dass es komplexe Flashmobs organisiert, bei Gay-Paraden oder im Carnaval mitmischt – einem der großen Frühlingsfeste der Stadt. Das professionelle Ensemble sorgt für ein breit gefächertes Repertoire, sehr beliebt ist eine Ulkversion von »The Velveteen Rabbit«. Im Tanzzentrum gibt es auch eine Bibliothek und ein Café. Einführungskurse sind frei.

Adresse 351 Shotwell Street, San Francisco, CA, 94110, www.odctheathre.org,
Tel. +1 415.549.8519 | **ÖPNV** Bus 12, Haltestelle Folsom St & 18th St | **Öffnungszeiten**
täglich 8–22 Uhr | **Tipp** Das Stable Cafe an der Ecke 17th und Folsom Street war bis
1870 die Remise des Bürgermeisters von San Francisco. Heute der ideale Ort für ein
Tässchen Kaffee.

82 Das Old Skool Café

Hier werden zweite Chancen serviert

Kaliforniens Knäste sind notorisch überfüllt, bis zu einem Punkt, an dem mittlerweile eine zunehmende Zahl Lebenslänglicher entlassen wird, gemeinsam mit anderen schweren Jungs und Mädels. Aktuell fährt San Quentin, nur 15 Minuten von San Francisco in Marin County gelegen, den Gefängnisbetrieb mit 130 Prozent Kapazität. Mehr als 700 Männer warten im Todestrakt; das ist in den USA Rekord.

Kein Wunder also, dass es Begnadigte oft nach San Francisco zieht; einige gehen unter den Obdachlosen verloren, andere suchen Arbeit, primär bei der Delancey Foundation. Die Stiftung wurde von Mimi Silbert gegründet, einer Art Stadtheiliger der letzten 40 Jahre. Am bekanntesten ist sie für ihr erstklassiges Restaurant am Embarcadero, wo viele Kellner Ex-Knackis oder ehemalige Junkies sind. Ms. Silbert hat noch weitere solcher Unternehmensprojekte ins Leben gerufen, darunter ein Möbelhaus und ein Büchergeschäft – alles ohne staatliche Förderung oder einen professionellen Mitarbeiterstab.

Im Bay View District folgt dem Vorbild Silberts das Old Skool Café, ein von jungen Leuten betriebener Supper Club im Stil der 1940er Jahre; aufgetischt wird bestes Southern Food. Gegründet wurde der Laden von Teresa Goines, einer ehemaligen Gefängniswärterin, die glaubte, der beste Weg, die jungen Menschen von der staatlichen Zwangsverwahrung fernzuhalten, bestehe darin, ihnen einen Job mit Sinnstiftungsfaktor zu geben.

Old Skool bietet Ausbildungsplätze und Anstellungen für 21 gefährdete Jugendliche zwischen 16 und 22 Jahren; den poshen roten Lederbooths und eleganten Lüstern sieht man die Nähe zu schwedischen Gardinen nicht an. Für Untermalung mit Stil sorgen wechselnde Jazzmusiker, viele von SFJAZZ. Die Kellner, mit gestärkten roten Hemden, schwarzen Fliegen, Hosenträgern und Fedoras angetan, erzählen den Gästen ganz offen ihre Lebensgeschichten. Getreu dem Motto: »Come hungry. Leave inspired.«

Adresse 1429 Mendell Street, San Francisco, CA, 94124, www.oldskoolcafe.org, Tel. +1 415.822.8531 | **ÖPNV** Bus 54, Haltestelle 3rd St & Palou Ave; Stadtbahn (Light rail), Haltestelle 3rd St & Oakdale Ave (T-Third) | **Öffnungszeiten** Do−Sa 17.30−21.30, So−Mi geschlossen, kann aber für private Feiern gebucht werden | **Tipp** Das Bay View Opera House − das älteste Opernhaus San Franciscos − liegt gleich um die Ecke in 4705 3rd Street.

83 _ Die Papageien
So frei wie ein Vogel

Zu den steilen Attraktionen der Stadt zählen die vielen Treppen; vor allem diejenigen von Russian Hill und Telegraph Hill haben ein erstaunliches Gefälle. Schwer vorstellbar, diese Stufen zwei- oder dreimal am Tag zu nehmen, insbesondere nachts. Fakt ist jedoch, dass die Einheimischen diese Teppen weit mehr für ihr Fitness-Workout nutzen als für den Weg von A nach B, während Touristen eher die idyllischen Gärten oder den spektakulären Blick bestaunen.

Die beiden dramatischsten Aufstiege beginnen bei Levi's Plaza; sie winden sich hoch bis zum Coit Tower; jeder besteht aus mehr als 400 Einzelstufen. Eine der Treppen nennt sich Greenwich Steps – nicht zu verwechseln mit den Greenwich Steps bei Russian Hill. Die andere heißt Filbert Steps; ein mittlerweile berühmter Schwarm verwilderter Sittiche hat sich hier niedergelassen.

Zwei Populationen gibt es in San Francisco. Eine bevölkert Golden Gate Park; die andere fühlt sich entlang Napier Lane zu Hause, in nächster Nähe von Filbert Steps. Sie besteht aus 30 bis 40 Guayaquilsittichen aus Südamerika. Wie die Tiere hierhergekommen sind, weiß niemand genau. Nach einem Bericht soll der verwirrte alte Besitzer eines Zoogeschäfts ganz einfach alle Vogelkäfige und Fenster geöffnet haben.

Dem Schwarm von Filbert Steps setzte Judy Irving mit der Dokumentation »The Wild Parrots of Telegraph Hill« im Jahr 2003 ein Denkmal. Der Film porträtiert den obdachlosen Musiker Mark Bittner, der in der Gegend lebte und fünf Jahre lang den Vogelflüsterer gab. Seine Erzählung beginnt so: »Es war kein Plan. Es geschah einfach so. Und ich hätte nicht gedacht, dass es jemals so weit gehen würde …« Nicht gefasst war er auf das starke Band, das sich zwischen ihm und den Sittichen entwickelte; er verwarf die verbreitete Vorstellung, dass Tiere keinen Schmerz empfinden könnten. »In Wahrheit haben sie Angst vor Schmerzen, vor dem Tod, davor, allein zu sein. Genau wie wir.«

Adresse Greenwich Steps & Filbert Steps, San Francisco, CA, 94133 | **ÖPNV** Straßenbahn (Streetcar), Haltestelle Embarcadero & Greenwich St (F-Line) | **Tipp** Von Levi's Plaza aus, einem idealen Platz zum Picknicken neben dem Welthauptsitz der Levi Strauss & Company's, sind die Treppen gut zu erreichen.

84 Patricia's Green
Glücklich wiederbelebt

Ein Park von Westentaschenformat, der sich zum Symbolort seiner lebhaften kleinen Community gemausert hat – das ist heute. Vor 25 Jahren sah es hier noch ganz anders aus; es dominierten Kriminalität und der hässliche Central Freeway, der tagein, tagaus den Westen der Stadt leerte und wieder füllte. Dann, am 17. October 1989, ließ das Loma-Prieta-Erdbeben Straßen und Brücken der gesamten Bay Area einstürzen, einschließlich Abschnitten des Freeway.

Im folgenden Jahrzehnt setzte sich eine Aktivistin aus Hayes Valley für das geschundene Viertel ein: Patricia Walkup scharte Unterstützer um sich, die von Tür zu Tür gingen und Unterschriften für eine Petition sammelten, in der gefordert wurde, die Reste des Freeway durch eine Grünanlage zu ersetzen und eine attraktivere Zugangsstraße zu bauen.

Der unermüdliche Kampf trug dazu bei, dass Octavia Boulevard, eine befahrene Allee, und Patricia's Green, ein nach Walkup benannter Stadtpark, angelegt wurden. Hier gibt es Tische, Bänke, einen Spielplatz und Installationen, um die sich Künstler des Wüstenfestivals Burning Man kümmern. Das kleine Outdoor-Idyll wurde zum Herzstück eines der am glücklichsten revitalisierten Viertel San Franciscos; es umschließt neben anderem auch das War Memorial Opera House und Davies Hall.

Zusätzlich, einen oder zwei Blocks in jeder Richtung, finden Sie entlang Hayes Street einige der besten Restaurants und Geschäfte der Stadt. Viele der Läden sind sehr gehoben, allerdings handelt es sich nicht um Kettenfilialen; hier bekommen Sie Edles und Rares wie maßgeschneiderte Korsagen oder exquisite Lederwaren.

Als besonders cool gilt das Stadtentwicklungsprojekt Proxy, das nach dem Rotationssystem temporäre Shops und Imbisse in Schiffscontainern unterbringt. Sogar ein Freiluft-Lichtspieltheater ist dabei. Entlang diesem Park gelang er – der Sprung aus dem Alltagselend zum ganz großen Kino.

Adresse Hayes Street & Octavia Street, San Francisco, CA, 94102 | **ÖPNV** Bus 21, Haltestelle Laguna St & Hayes St | **Tipp** Nachdem Sie sich bei »Lava9« in 542 Hayes Street unvergleichliche Schmuck-Unikate geleistet haben, schmecken Gerstensaft und »pretzels« im »Biergarten« noch einmal so gut.

85_Patty Hearsts Bank

Erbin mit Maschinengewehr

In den 1970er Jahren war der Outer Sunset District ein asiatisch geprägtes Viertel, Galaxien von Downtown entfernt. Geschichte allerdings machte die einstige Filiale der Hibernia Savings & Loan Bank.

Im April 1974 stürmten Mitglieder einer linksradikalen Gruppierung namens Symbionese Liberation Army (SLA) das Geldinstitut. Während sich die Revolutionäre beim Baren in den Kassen bedienten, schrie eine junge Frau mit adrettem Barett und dazu passendem Maschinengewehr den Kunden Anweisungen zu. Die Überwachungskamera schoss ein Foto mit Seltenheitswert: Es zeigte Patty Hearst, Enkelin des einst allmächtigen Zeitungsmagnaten William Randolph Hearst. Zufällig handelte es sich bei einer von Pattys Freundinnen auch noch um eine Tochter der Familie Tobin – Gründer der Hibernia Bank.

Neun Wochen zuvor war die Milliardenerbin kurz vor ihrem 20. Geburtstag aus ihrem Apartment in Berkeley gekidnappt worden. Während eines stümperhaften Raubversuchs in einem Sportgeschäft wenig später schien Ms Hearst ihre bourgeoise Kinderstube komplett vergessen und sich ernsthaft der SLA angeschlossen zu haben. Ihren Genossen Bankräubern schoss die Wildgewordene den Fluchtweg frei; später jedoch starben sie bei einem der dramatischsten Schusswechsel der kalifornischen Geschichte. Ein Jahr später gab Kameradin Hearst die Fluchtfahrerin bei einem anderen Banküberfall, ein Kunde kam ums Leben. Im darauffolgenden September schließlich schnappte man »Tania«, so ihr Nom de Guerre. Als man sie nach ihrem Beruf fragte, erwiderte sie: »Stadtguerilla«.

Trotz überwältigender Indizien dafür, dass sie am Stockholm-Syndrom litt, wurde die junge Frau wegen Verschwörung verurteilt und saß zunächst 21 Monate ihrer 35-jährigen Strafe im Gefängnis ab. Vollständig rehabilitiert wurde sie erst 2001 durch Präsident Clinton.

Ironie der Geschichte? Heute beherbergt das Haus einen Sanitätsdienst – und einen Geldautomaten.

Adresse 1450 Noriega Street, San Francisco, CA, 94122 | **ÖPNV** Bus 16X, 71, 71L, Haltestelle 22nd Ave & Noriega St | **Tipp** Günstige und leckere Dim Sums gibt es den Block weiter runter bei New Hing Lung in 1556 Noriega Street.

86__Pfluegers Himmelsstürmer
Einhörner und Feuervögel

San Franciscos erstes Haus, das ernsthaft an den Wolken kratzte, war das Pacific Telephone Building. 1925 wurde es nach dem Vorbild eines nie realisierten Projekts des Finnen Gottlieb Eliel Saarinen für 4 Millionen Dollar und 2.000 Angestellte in damals schwindelnde Höhen gezogen. Mit seiner frischen Steil-Ästhetik und seiner Art-déco-Lobby voller Einhörner und Feuervögel an der Decke stand das Gebäude für eine neue Generation von Arbeitsplätzen. In seine hochspiegelnde Außenverkleidung aus Terrakotta gehüllt, überragte es die Stadt ganze 40 Jahre lang.

Erbauer war der Einheimische Timothy Pflueger (1892–1946); im Gefolge des katastrophalen Erdbebens von 1906 hatte er zwar nie ein College besucht, seinen Weg zur Faszination äußerer und innerer Architektur fand er gleichwohl. Nach der Zeit der Prohibition zierten Pfluegers Innendesigns viele bekannte Cocktail Lounges, darunter die berühmte Patent Leather Bar des St. Francis Hotel. Auch das Alhambra Theater, das Castro Theater und den Olympic Club – Inbegriff eines Herrenclubs der West Coast – entwarf der Meister. Nicht ohne selbst Mitglied zu sein und leider auch nicht ohne eines Tages nach der täglichen Runde im Pool draußen auf der Straße dem plötzlichen Herztod zu erliegen.

Heute, 90 Jahre nach seiner Errichtung, verliert sich das 26 Stockwerke hohe Gebäude im Glasbetondschungel, der es mittlerweile umwuchert. Dennoch ragt es nicht nur als Wahrzeichen der Baukunst aus dem Einerlei heraus, sondern auch als Symbol für moderne Kommunikation: Bereits Pacific Telephone war technische Avantgarde. Heute residiert hier primär die Internet-Firma Yelp. Vom Feinsten sind die Arbeitsplätze noch immer: Duschen für Pendler oder die Fahrradreparatur runden den Appeal der progressiven Start-up-Kultur ab. Eine Ideenschmiede: Hier lässt sich nicht nur den Wolken nachjagen, sondern noch immer direkt aus den Fenstern nach den Sternen greifen.

Adresse 140 New Montgomery Street, San Francisco, CA, 94105 | **ÖPNV** Bus 8X, Haltestelle 3rd St & Howard St; Bus 10, 12, Haltestelle 2nd St & Howard St | **Tipp** Nebenan besticht das Bar-Restaurant Trou Normand durch seine exquisite Fleischküche.

87___Das Phoenix Hotel
Schillernder Pool

Lange war Tenderloin District das Terrain der Bad Boys; nun wird es hier vornehm, im guten wie im schlechten Sinne, denn es geht eine gewisse Vielfalt verloren. Gut ist sicher, dass die alten SRO-Hotels verschwinden, jene Feuerfallen, in denen auf staatliche Fürsorge Angewiesene hausten und deren Nachtportiers in ihren Metallkäfigen hinter kugelsicherem Glas hervorstierten. Dennoch bleibt dies das ethnisch und sexuell am breitesten gefächerte Viertel der Stadt; noch immer schreien Wahnsinnige von den Dächern herab, liegen Junkies mit der Nadel im Arm halb tot im Boeddeker Park, und altvertraute Gesichter versammeln sich regelmäßig vor St. Anthonys Speisungshalle neben Saint Boniface Church. Als letzte große Anlaufstelle für freie Mahlzeiten versorgt man hier 2.700 Menschen am Tag. Wie eine schmutzige Pfütze ist diese Gegend, die nach und nach von den Rändern her trocknet.

Natürlich gibt es auch Genießbares für den Mainstream: gewisse Restaurants, Cafés, Clubs, Kirchen und Hotels. Das Echo der Tage von Barbary Coast, als hier Hardcore und Gewalt regierten, hallt jedoch noch unverkennbar nach.

Wer es hören mag, betrete das Phoenix Hotel in Eddy Street. »Hotel, Restaurant, Cocktails«, sagt das Neonschild; auf den ersten Blick sieht das Etablissement aus wie eine 1970er-Raststätte in San Fernando Valley. Die Aura hat jedoch auch etwas Tropisches und eine gewisse Sinnlichkeit. Das Haus nennt sich Motel, erinnert jedoch eher an eine kalifornische Version des Chelsea Hotels in Manhattan – eine lokale Kuriosität im Retro-Chic, eine Art Notauffanglager für Akut-Opfer des Rock'n'Roll – wie etwa zuvor schon Pearl Jam, die Killers oder die Red Hot Chili Peppers. Heute residieren hier auch betuchte Hipster auf Urlaub oder Stadtbeamte zur Konferenz.

Auf Yelp schrieb jemand: »Rocklady, Starlet, Investment-Tussi, brave Ehefrau. Es ist, als ob sie alle zusammenströmten in diesem schillernden Pool.«

Adresse 601 Eddy Street, San Francisco, CA, 94109, www.jdvhospitality.com, Tel. +1 415.776.1380 | **ÖPNV** Bus 31, Haltestelle Eddy St & Larkin St | **Tipp** Die Einheimischen lieben den Brunch bei »Brenda's French Soul Food« in 625 Polk Street. Auf Ihrem Weg vom Phoenix Hotel begegnet Ihnen das vier Stockwerke hohe Wandbild eines Farmgirls, in entsättigten Farben gemalt vom Künstler Aryz.

88 Das Pier 24

Sternstunden der Fotografie

Eine lange, oft dunkle Geschichte umgibt die Piers entlang The Embarcadero. Bevor 1936 die Bay Bridge gebaut wurde, betrieben Werften die Fähren, die die Stadt mit East Bay und Teilen von Central Valley verbanden. Während des Zweiten Weltkrieges wurden von hier die Soldaten in die Pazifikschlachten entsandt. 1989 machte das Erdbeben von Loma Prieta den erhöht gebauten Highway dem Erdboden gleich. So verheerend die Katastrophe war, so sehr geriet sie für Stadtplaner zum Glücksfall; sie hatten schon seit Jahren daran laboriert, dass die Autobahn die Stadt von der Bucht abschnitt.

Ein Stadtentwicklungsprojekt namens »Mission Rock« bescherte dem Ärgernis ein abruptes Ende; organisiert wurde es von den Eigentümern des Baseballteams San Francisco Giants. Seither liegen Investment und Erneuerung wie ein Hauch der Hoffnung über der ganzen Gegend.

Zwanzig Jahre lang bot das Pier 24, bestehend aus rostenden alten Schienen, die direkt auf das Pier liefen, keine kommerziellen Perspektiven. Dann jedoch erschien Investmentmanager Andrew Pilara auf dem Plan; er suchte einen Ausstellungsort für seine fotografische Sammlung und beauftragte seinen Makler, etwas Billiges aufzutreiben. »Nur ein Lagerhaus, kein Schickimicki.« 12 Millionen Dollar blätterte er schließlich hin, um die korrodierten Gleise in den weltweit größten Ausstellungsraum zu verwandeln, der sich ausschließlich der Fotografie widmet.

»Pier 24 Photography« öffnete 2010. Mehrere Galerien beherbergen die Pilara Foundation Collection, die Werke von Lee Friedlander, Alfred Stieglitz, Imogen Cunningham, Richard Avedon, Diane Arbus, Dorothea Lange und Robert Mapplethorpe umfasst, neben vielen anderen. Das Gelände ist zu einem der größten Kunstmagneten der Stadt avanciert, zumal der Eintritt frei ist. Allerdings wird um Anmeldung gebeten; nur 20 Besucher auf einmal dürfen sie hier in aller Stille betrachten – die Meisterwerke der Stars.

Adresse Pier 24, The Embarcadero, San Francisco, CA, 94105, www.pier24.org, Tel. +1 415.776.1380 | **ÖPNV** Stadtbahn (Light Rail), Haltestelle Embarcadero & Folsom St (T-Third, N-Judah) | **Öffnungszeiten** nur nach Anmeldung unter Tel. +1 415.512.7424 | **Tipp** Erlaufen Sie sich den lebhaftesten Teil des »San Francisco Bay Trail«, der der historischen State Belt Railroad entlang der Embarcadero-Promenade folgt (zwischen Pier 39 und AT&T Park).

89__Das Pier 70
Ruinenwert

Mitte des 19. Jahrhunderts besaß Potrero Point Shipyards die größten Industrieanlagen westlich des Mississippi – 100 Jahre lang. Am
Südwestufer der Stadt gelegen, bot die Werftanlage den Start-ups von
anno dazumal einzigartige Möglichkeiten: Sie erzeugten Stahl, Seile,
Sprengstoff, Fässer, Schienen für Straßenbahnen, Spezialgerät für Mi-
nen, mit dem sich die Krume von Gold County abtragen ließ. Die Luft
rauchte förmlich von den vielen Schmieden, Gas- und Eisenwerken;
einer nach dem anderen wurden neue Schiffsrümpfe in die Bay hin-
abgelassen: Dampfschiffe für die Flüsse und Schoner fürs Meer. Auch
Admiral Deweys Flaggschiff war darunter, die »USS Olympia«, die
später die spanische Flotte vor Manila Bay rückstandslos zerpflückte.

Das Produktionstempo hielt sich durch den Ersten und Zweiten
Weltkrieg; 1965 erst segelte das letzte Marineschiff aus dem Hafen.
Danach erlebte die Wirtschaft eine Flaute; auch die Docks wurden
größtenteils stillgelegt. Eines der letzten Projekte war der Bau von
Unterwasserröhren für das Transportsystem BART.

Heute ist von den Werften wenig geblieben – außer dem Pier 70,
das zum Symbol dessen geworden ist, was gewesen ist und was noch
werden könnte.

Der geschichtsbeladene Ort umfasst beinahe 25 Hektar verlas-
sener Lagerhallen von Hangar-Dimensionen, Industriewerkstätten
und Verwaltungsgebäude. Jüngst ist mit einem massiven Umbau-
und Restaurierungsprojekt begonnen worden. Hier sollen Einrichtungen für Künstler, Museen und die Unterhaltungsbranche entstehen; anderes Gelände soll unbebaut bleiben.

Vorerst jedoch können Sie noch entlang der langsam verrottenden
Fabrikskelette flanieren, sogar Führungen gibt es.

Anmerkung für Hitchcock-Fans: Das Pier 70 diente als Kulisse
einer der ersten Einstellungen von »Vertigo«, in der James Stewart
einem alten Freund begegnet. Der Meister höchstselbst gönnte sich
hier einen Cameo – als Passant.

Adresse 550 20th Street, San Francisco, CA, 94124, pier70sf.org | **ÖPNV** Bus 22, 48, Haltestelle 20th St & 3rd St | **Tipp** Eines der wenigen noch belebten Gebäude auf dem Pier 70 ist das Noonan Building, wo seit 40 Jahren Künstler arbeiten. Ihre Ateliers und Schaffensräume öffnen sie während der »San Francisco's annual Open Studio tour« für Besucher. Für mehr Infos besuchen Sie: www.noonanbuildingartists.com.

90__Der Pink Triangle Park

Im rosa Winkel

Als einzige Stadt der USA ehrt San Francisco jene Homosexuellen, die während des Zweiten Weltkrieges vom Nazi-Regime eingesperrt und ermordet wurden: Der 280 Quadratmeter große Pink Triangle Park in Castro District mutet zugleich düster und fremdartig an, hinterlässt jedoch prägende Eindrücke. 15 Steinstelen birgt der Grünstreifen – eine für je tausend Schwule, Lesben, Bisexuelle und Transsexuelle der Gay Community, die umgekommen sind. Die Form der Säulen symbolisiert den »rosa Winkel«, ein rosafarbenes Dreieck, das den für »schuldig« Befundenen an die Kleidung genäht wurde. Die Skulpturen entwarfen die einheimischen Künstler Susan Martin and Robert Bruce. Jede der 1,50 Meter hohen Pylonen besteht aus Sierra-Granit.

2001 wurde der Park eingeweiht; man wollte »eine physisch fassbare Erinnerung daran, dass die Verfolgung Einzelner oder von Minderheiten alle Menschlichkeit tief beschädigt«. Der Park wurde zum Kultort der Gegend, die seit 1970 als Schwulenviertel galt. Bereits während des Zweiten Weltkrieges war die Community hier stark angewachsen – im Gefolge der unehrenhaften Entlassung Tausender Soldaten auf dem Weg in den Pazifik.

Zwischen 1933 und 1945 wurden in Deutschland und Österreich geschätzte 100.000 schwule Männer wegen Homosexualität verhaftet; die Hälfte von ihnen wurde verurteilt; wiederum 5.000 bis 15.000 von ihnen endeten in Konzentrationslagern. Diese Gräuel wurden von vielen Ländern stillschweigend übergangen; 2002 jedoch entschuldigte sich die deutsche Regierung öffentlich bei der Gay Community.

Einmal im Jahr, während des San-Francisco-Pride-Wochenendes im Juni, wird ein knapp zwei Morgen großes rosa Dreieck aus Dutzenden von rougefarbenen Leintüchern am Nordhang von Twin Peaks ausgebreitet – in Richtung Castro District und Downtown San Francisco.

Adresse Market Street & 17th Street, San Francisco, CA, 94114, pinktrianglepark.org | **ÖPNV** Straßenbahn (Streetcar), Haltestelle 17th St & Castro St (F-Line) | **Tipp** Ein weiterer Ort der Besinnung und des Gedenkens ist »National AIDS Memorial Grove« im Golden Gate Park bei Bowling Green Drive.

91 The Presidio Pet Cemetery
Friedhof der Kuscheltiere

»Heidi«, »Willie« oder »Trouble« steht auf den Grabsteinen. Heidi war ein zehnjähriger Collie, Willie ein Hamster, Trouble machte neun Jahre lang »keinen Trouble«, die Spezies allerdings bleibt uns vorenthalten. Dies sind nur drei der Hunderte von Lieblingen, die sanft auf San Franciscos bemerkenswertestem Tierfriedhof in The Presidio ruhen. Er liegt direkt unter dem »neu interpretierten« Doyle Drive, jenem hoch aufragenden Viadukt, das auf die Golden Gate Bridge hinauf- und wieder von ihr herunterführt. Jüngst ist die Straße erdbebensicher gemacht worden, daher sieht man den Friedhof derzeit am besten im Vorbeifahren. Betreten darf man ihn nicht – zumindest bis der Umbau 2016 vollständig abgeschlossen ist.

Der Gottesacker von der Größe eines kleinen Fußballfeldes wird schon seit Längerem dem Verfall überlassen. Einst gehegt und gepflegt, sind nun viele der rissigen Grabsteine umgekippt. Den ehemals weißen Lattenzaun macht der Maschendraht ohnehin überflüssig. Selbst die Geldbäume sind verdorrt. Nur zwei Palmen bringen etwas Leben hier hinein.

Dennoch geben die Inschriften rührende Details über die geliebten Haustiere von Soldatenfamilien der 1950er und 1960er Jahre preis. Auf einem der Steine steht schlicht »Sarge«, auf einem anderen »Haustier eines G.I., hat seine Zeit brav abgerissen«. Einem Papageien ist hier mit »Unser Schwachkopf« ein Denkmal gesetzt, und eine Hündin hieß schlicht »Sheesa-nut« – »sie ist bekloppt«. Ein weiteres Epitaph lautet: »George nahm uns als seinesgleichen an«. Manche der Steine sind mit großen roten Herzen versehen, um die Unbekannten zu kennzeichnen. Und dann gibt es da noch das Grab des Zwergpudels »Bali Boring«, einst »Major and Mrs. Boring« zugehörig. Langweilig wird's hier nicht.

Sogar mindestens ein lebendes Tier nennt dieses Gräberfeld sein Zuhause: eine verwilderte schwarze Katze, die sich in diesem Eichhörnchenhimmel einfach pudelwohl fühlt.

Adresse 667 McDowell Avenue, San Francisco, CA, 94129, www.presidio.gov/explore/ Pages/presidio-pet-cemetery.aspx | **ÖPNV** Bus 28, Haltestelle Golden Gate Br Tunnel & Merchant Rd | **Tipp** Unternehmen Sie einen Spaziergang zum historischen Fort Point, um mehr über dieses unglaubliche ehemalige Militärgelände zu erfahren – mit tollem Blick auf die Golden Gate Bridge.

92_Das Project Artaud
Der Hölle entkommen

Trotz seines Rufes als sicherer Hafen für die kreativen Klassen finden Künstler, die es hertreibt, in diesem exponentiell wachsenden Maklerparadies oft nur schwer bezahlbaren Wohnraum. Not macht jedoch bekanntlich erfinderisch; als eines der besten Beispiele hierfür kann das Project Artaud gelten, das erste Live-Atelier der Stadt. Eingerichtet wurde es 1971 und nach dem französischen Surrealisten Antonin Artaud benannt, der zu sagen pflegte: »Niemand hat je aus einem anderen Grund geschrieben, gemalt, modelliert, gebaut oder erfunden, als um buchstäblich der Hölle zu entkommen.«

Das Project Artaud ist in der alten Fabrik der American Can Company untergebracht; einen ganzen Block von Mission District nimmt es ein. Die Kunstschaffenden, die hier einzogen, waren selbst als Schreiner und Maurer im Einsatz, um das Gebäude zu renovieren; sie verkörperten die Idee eines Kollektivs, das die künstlerische Produktion und Präsentation von Anfang bis Ende in die eigenen Hände nahm. Ihr Wirken wurde zum Fundament des hiesigen Kulturlebens.

Heute gibt das Projekt 80 Musikern, Autoren, Bildhauern, Tänzern, einem Roboter-Designer und einem Varieté-Künstler eine Schöpfer-Bleibe. Das Gebäude umfasst auch mehrere Performance-Räume wie das Theatre of Yugen, dessen Ensemble die traditionelle japanische Ästhetik erforscht, und Z Space, eine der Ideenschmieden des neuen Theaters.

Die Z Space Gallery wiederum stellt eine wechselnde Auswahl von Werken (oft der ansässigen Künstler) aus; sie ist tagsüber geöffnet und bietet Zutritt zum gesamten Komplex. Entlang 17th Street ist auch die Schmetterlingsskulptur von Benjy Young zu bestaunen.

An den meisten Abenden finden hier Events statt – Tanz, Tragödie, Komödie oder Musik. Eine der Theatergruppen, die Sie sich keinesfalls entgehen lassen sollten, ist »Word for Word«; sie bringt Werke klassischer wie zeitgenössischer Literatur auf die Bühne – Wort für Wort.

Adresse 499 Alabama Street, San Francisco, CA, 94110, www.projectartaud.org, Tel. +1 415.621.4240 | **ÖPNV** Bus 12, Haltestelle Folsom St & 18th St | **Öffnungszeiten** Informationen zum Spielplan, zu den Öffnungszeiten der Galerie und den Tagen des offenen Ateliers auf der Homepage. | **Tipp** Mehrmals im Jahr ist Project Artaud Gastgeber der »Open Studios« – offener Ateliers –, während deren die Öffentlichkeit Zutritt zu den Kreativräumen der Künstler hat. Wenn Sie schon hier sind, besuchen Sie auch 3057 17th Street, eine nostalgische alte Polizeistation von 1899 im klassizistischen Stil.

93 The Ramp
Katerfrühstück

Jahrzehntelang blieb das abgelegene Uferlokal im Viertel Dogpatch ein Geheimtipp. »Es ist eine solche Erleichterung, in dieser Stadt etwas zu sehen, was man nicht aufgemotzt, sondern einfach so belassen hat, wie es immer gewesen ist«, notierte Dichter Ralph Gutlohn.

Hierher entführte man seine Nachmittagsverabredung: »Jede Wette, dass du hier noch nie gewesen bist. Und deinen Hund kannst du auch mitbringen!«

Dann schwirrte man zu China Basin in der Third Street ab, hockte über eher mäßigem Essen an einem der lackierten Tische und spürte die Salzbrise auf der Haut, während Pelikane und die Boote der Bay den Hintergrund abgaben.

The Ramp öffnete 1950 als schlichtes Ködergeschäft. Später kam eine zwanglose Bar samt schmucklosen Snacks hinzu; schließlich entstand ein legeres Hafenrestaurant. Immer lag die namensgebende Schiffsrampe in der Nähe, von der aus man sein Boot in die Bucht hinablassen konnte. Die Gäste waren Matrosen, Monteure, Elektriker, alles Volk eben, das benötigt wurde, um die Wasserfahrzeuge für Probefahrten fit zu machen. In den 1980ern unterhielt Donald K. White, ein örtlicher Wirtschaftsjournalist, eine Kolumne, die vom Lunch mit fiktiven Figuren handelte – George, Adele und deren Pudel Sir. Eigentlicher Zweck war es, auf unterhaltsame Weise über den Aktienmarkt aufzuklären. So schmausten Whites erfundene Gestalten nicht selten bei The Ramp.

In den 1990ern wurde die Bar bekannter; 2013 diente sie gar in Woody Allens Film »Blue Jasmine« mit Cate Blanchett für ein komisches Double-Date als Kulisse. Obwohl der Geheimtipp so wohlgehütet nicht mehr sein mag, bleibt die lässige Spelunke einer der Lieblingstreffpunkte der Einheimischen. Der Sonntagsbrunch hier gilt als bestes Katerfrühstück der Stadt. Klassischerweise bestellt man eine Bloody Mary oder einen Ramos Fizz mit »Huevos Rancheros« – mexikanisches Omelett – oder »Eggs Benny«, Eier Benedict.

Adresse 855 Terry A. Francois Boulevard, San Francisco, CA, 94158, www.theramprestaurant.com, Tel. +1 415.621.2378 | **ÖPNV** Stadtbahn (Light rail), Haltestelle 3rd St & Mariposa St (T-Third) | **Öffnungszeiten** täglich 10 – 21 Uhr | **Tipp** Samstag- oder sonntagnachmittags von Mai bis Oktober bietet The Ramp auch Salsa-Abende mit Livemusik.

94 Die Rousseaus

Schrecklich schöner Kitsch

Landeinwärts von Ocean Beach liegt Outer Sunset District, einst eine riesige Sandwüste, »Outside Lands« genannt. Im späten 19. Jahrhundert richtete sich die Beach-Boheme hier ein. Über die nächsten 100 Jahre entstand ein Stadtviertel der Mittelschicht, eine Einwanderungsgegend. Zunächst kamen vor allem Deutsche und Iren, erst jüngst die Chinesen.

Die architektonische Handschrift umfasst pferdegezogene Straßenbahnen, die 1895 zu Ausflugsdomizilen umgestaltet wurden; Baracken, die nach dem Erdbeben von 1906 als Notunterkünfte dienten, und erschwingliche Wohnkomplexe, in den 1920ern und 1930ern von Henry Doelger gebaut.

Wahrhaft Exzentrisches erwartet Sie entlang 34th, 35th und 36th Avenue zwischen Kirkham und Lawton Street, hier stoßen Sie auf einen abenteuerlichen Mix der Stile, wie man ihn eher im Hinterhof eines großen Filmstudios erwarten würde. Die Häuser – als »die Rousseaus« bekannt – wurden von Oliver Rousseau errichtet, über dessen Tod im Jahr 1977 San Franciscos prominentester Chronist Herb Caen schrieb: »Ein Tag der Trauer! Er baute noch richtige Häuser, während um ihn herum Betonwüsten hochgezogen wurden.«

Diese »richtigen Häuser« fallen größer als jene von Doelger aus und sind deutlich vornehmer; heute blättert man eine Million Dollar aufwärts für sie hin. Die Fassaden überbieten sich gegenseitig in Sachen Eklektizismus – manche haben Türmchen, andere maurische Hufeisenbögen oder Rundum-Balkone. Wieder andere prunken mit Mansarden- oder rotgeziegelten spanischen Dächern, erinnern an Lebkuchenhäuser, sind im Tudor-, Pariser oder mediterranen Stil gehalten. Details wie glasierte Kacheln, Kreuzblumen, Schmiedearbeiten variieren von Haus zu Haus.

Drinnen wird es noch bunter: versenkte Wohnzimmer, Innengärten, schrill gefliese Bäder. Alles ist so falsch wie phantastisch, so substanz- wie zeitlos, so inkongruent wie interessant.

Adresse 34th, 35th & 36th Avenues, zwischen Kirkham Street und Lawton Street, San Francisco, CA, 94122 | **ÖPNV** Stadtbahn (Light rail), Haltestelle Judah St & 34th Ave (N-Judah) | **Tipp** Die Rousseau-Häuser sind ein lohnender Abstecher auf dem Weg nach Ocean Beach oder Golden Gate Park.

95_ Sam's Grill and Seafood Restaurant

Austern, Scholle, Brandungskrebs

Heute ist Sam's eines der In-Lokale des Financial Districts, in denen Börsenmakler, Agenten, Presseleute und Banker einkehren, vorwiegend Männer, die gerade genug Zeit haben für einen Austerncocktail, ein Minutensteak und ein Tiramisu. Der Speisekarte entnimmt man, dies sei das fünftälteste Restaurant der USA. Den Boden bedeckt zwar kein Sägemehl, aber auch das würde nicht verwundern: Hier geht es altmodisch zu, die Essbänke sind aus dunklem Holz, die Kellner tragen schwarze Krawatten, und Servietten hängen von ihren Unterarmen wie frische Wäsche. Meist sind sie – wie die Klientel – grau meliert und flitzen mit Kalifornischer Scholle, Pazifischem Zungenbutt oder Atlantik-Brandungskrebs durch die Gänge.

Das Restaurant wurde 1867 von Michael Bolan Moraghan eröffnet, einem Iren, der eine Austernfarm in South Bay betrieb – von der Größe San Franciscos. Um 1900 warf die Farm mehr als 2,5 Millionen Pfund Austernfleisch im Jahr ab – und das trotz Jack London und anderer sogenannter Austernpiraten. Heute sind die Muschelbänke Vergangenheit, primär wegen Umweltverschmutzung, Wetterextremen und – wie manche bitter hinzufügen würden – Überregulierung durch die Regierung.

Das Restaurant ist nach Sam Zenovich benannt, einem Restaurator, der Moraghan's 1922 kaufte und den Ort zum Magneten für Sportgrößen umgestaltete; hier schmausten etwa die Schwergewichte John L. Sullivan, James J. Corbett und Jack Dempsey. Sam starb 1937; seither wechselt das Lokal seine Besitzer. Nicht so die Speisekarte: Austern gibt es immer noch, die erbitterten Auseinandersetzungen zwischen Meeresschützern und Profitfischern allerdings gefährden den Nachschub; kommerzielles Aquafarming lohnt kaum noch. Auch an diesem Beispiel lässt sich sehen, in welch prekärem Gleichgewicht sich die Bedürfnisse der Menschen und die Ressourcen der Bay Area befinden.

Adresse 374 Bush Street, San Francisco, CA, 94104, samsgrillseafoodrestaurant.com, Tel. +1 415.421.0594 | **ÖPNV** Bus 1, Haltestelle Clay St & Kearny St; Bus 38AX, Haltestelle Bush St & Sansome St | **Öffnungszeiten** Mo–Fr 11–21 Uhr | **Tipp** Am Union Square sind die vier Skulpturen mit gemalten Herzen der »Hearts in San Francisco«-Installation zu besichtigen, je eine an den vier Ecken des Platzes.

96__Das San Francisco Art Institute

Ein Panorama

Ein Glanzpunkt des Kulturlebens: Das San Francisco Art Institute wurde 1871 von bildenden Künstlern und Schriftstellern gegründet, die etwas bis dahin Ungesehenes und Unerhörtes im Sinn hatten: Die kritische Sammlung künstlerischer Audruckskraft wollten sie erreichen und so die Kunst speziell des amerikanischen Westens definieren.

Zu den Gründungsmitgliedern zählten Fotograf Eadweard Muybridge, dessen berühmte Bewegungsstudien von Pferden grundlegend für die Entwicklung laufender Bilder waren; Impressionist und Dichter Maynard Dixon, der zufällig zur Entstehung der Wandbilder in der Lounge des Mark Hopkins Hotels beitrug; Louise Dahl-Wolfe, die den Begriff der umgebungsorientierten Modefotografie prägte, und – natürlich – der große Mauer-Maler Diego Rivera. Einige seiner Kult-Werke sind im von Studenten gemanagten Galerie-Bereich permanent ausgestellt. Nach dem Zweiten Weltkrieg wurde die Bildungsstätte zum Epizentrum des abstrakten Expressionismus. Hier lehrten Größen wie Clyfford Still, Ad Reinhardt, Mark Rothko, David Park oder Elmer Bischoff. Ansel Adams begründete die fotografische Abteilung mit. Seit 1961 war das Institut bemüht, hehre Kunst und Gebrauchsgrafik zu verschmelzen und den Nährboden für mannigfaltige Formen kreativen Ausdrucks zu bilden, einschließlich Punk, Graffiti und seit Neuerem auch Community-Art-Projekten. In ihrer »School of Studio Practice« und der »School of Interdisciplinary Studies« bietet die Akademie diverse Abschlüsse an.

Erhöht auf Russian Hill gelegen und im spanischen Stil samt Glockenturm erbaut, hat das Gebäude aber auch noch ganz andere Reize zu bieten als Theorien und Leinwandphantasien. Vom Dach aus haben Sie einen einzigartigen Panoramablick über die sanft geschwungenen Hügel San Franciscos und die Bucht: vom Embarcadero und Coit Tower bis Pier 39 und Alcatraz.

Adresse 800 Chestnut Street, San Francisco, CA, 94133, www.sfai.edu, Tel. +1 415.771.7020 | **ÖPNV** Bus 30, Haltestelle Chestnut St & Van Ness Ave | **Öffnungszeiten** täglich 9 – 18 Uhr | **Tipp** Ein kurzer Spaziergang führt Sie zum versteckt liegenden kleinen Fay Park in 2366 Leavenworth Street. Genießen Sie die Stille, den Schatten und die beiden Aussichtspavillons. Die Inschrift der Sonnenuhr lautet: »Grow old along with me, the best is yet to be«. (Alt sollt ihr mit mir werden, stets erwartet euch Bess'res noch auf dieser unsrer Erden.)

97 __ Die Säulen von Lloyd Lake

Am Ufer des okkulten Sees

Zu den Tieren, die im Golden Gate Park leben, zählen verwilderte Katzen, Waschbären und ein paar Koyoten, die wie Phantome auftauchen und wieder verschwinden, oft in der Dämmerung. Erhaschen Sie einen Blick auf diese Wildhunde, so machen Sie sich darauf gefasst, dass sie Ihren Blick ungerührt und direkt erwidern, bevor sie sich gemächlich trollen. Die Botschaft: »Dies ist unser Territorium, und wir behalten uns vor, kleine Köter oder andere Beute, die Sie mit sich führen, zu jagen.« Keine leere Ansage!

Auch Vögel gibt es hier viele, allerdings wenige einheimische: Gelegentlich sehen Sie entflogene Hansis oder diverse Entenarten aus der Fremde. Am Lloyd Lake etwa begegnen Ihnen Pekingenten – kein Witz –, also Hausgeflügel, mexikanische Moschusenten aus vorkolumbianischer Zeit, Campbell-Albatrosse (ursprünglich aus England), Stockenten und Gänse.

Lloyd Lake ist auch aus anderen Gründen ein gefundenes Fressen für Besucher; zu nennen wäre etwa der Marmor-Säulenvorbau am Ufer, der ehemals vom Anwesen Alban Nelson Towne in Nob Hill stammt. Towne war ein Eisenbahner des 19. Jahrhunderts, ein kluger und geachteter Technokrat, der ein kleines Vermögen anhäufte. Nach dem Erdbeben vom 1906 stand von seinem Haus nur noch der Portikus. Drei Jahre später spendete seine Frau das Relikt dem Park, wo es als »Tor zur Vergangenheit« Karriere machte. An einem kalten, nebligen Nachmittag erinnert es an die dunkel-romantische Novelle »Das Geheimnis von Bly« von Henry James.

Tatsächlich ließ das Übersinnliche nicht auf sich warten: An den Säulen soll es okkulte »Sichtungen« gegeben haben. Auch als »Shadowbox« bekannt, war dies einer der Lieblingstreffpunkte von Spiritisten des frühen 20. Jahrhunderts, einschließlich Sherlock-Holmes-Vater Sir Arthur Conan Doyle, der den Ort 1923 so beschrieb: »Hier öffnet sich die empfängliche Seele gefährlichen Einflüssen. Er sollte nicht leichtfertig betreten werden.«

Adresse John F. Kennedy Drive & 23rd Avenue, San Francisco, CA, 94121, www.golden-gate-park.com/lloyd-lake.html | **ÖPNV** Bus 29, Haltestelle Cross Over Dr & Fulton St | **Tipp** Der John F. Kennedy Drive ist samstags für Autos geschlossen – die perfekte Zeit, um die 15 Kilometer mit dem Fahrrad zurückzulegen. Equipment kann bei Stow Lake Bike & Boat Rentals gemietet werden (50 Stow Lake Drive, Tel. +1 415.752.0347).

98__Die Segelschiffe von Spreckels Lake

Alles andere als ein Kinderspiel

Jede große Stadt hat ihren Parade-Park. In San Francisco ist es Golden Gate Park, 400 Hektar pazifischer Pracht, in den 1870ern vom schottischen Gartenarchitekten John McLaren entfaltet. Einst nahm McLaren den Job nur unter einer Bedingung an: »›Rasen betreten verboten‹-Schilder wird es hier nicht geben.« Derart groß war sein Respekt vor den Eigenheiten der Kalifornier. Am meisten erfreuen sich seit eh und je Musikfans bei Livekonzerten im Park an der Grünschnitt-Libertinage.

In diesem altbekannten (und ausgetretenen) Park halten sich jedoch in Winkeln noch Spuren der Vergangenheit. Da gibt es etwa Spreckels Lake, benannt nach Adolph Spreckels, einem Zucker- und Eisenbahn-Magnaten und einem der absoluten Originale der Stadt. 1884 regte er sich dermaßen über einen Artikel im »San Francisco Chronicle« auf, in dem er beschuldigt wurde, Investoren absichtlich hinters Licht zu führen, dass er auf Verleger Michael de Young schoss – der überlebte. Spreckels wurde freigesprochen.

Um die vorletzte Jahrhundertwende legte Spreckels, damals Präsident der Park-Kommission, den See auf Bitten des Modellyachtclubs an – des ältesten Clubs seiner Art in der westlichen Hemisphäre. 1937 ließ die Stadt auch ein benachbartes Clubhaus bauen, das eine der größten Sammlungen antiker Modellyachten beherbergt – ein Traumhaus für jeden, der sich für Segelschiffe in Miniatur interessiert. Die Boote sind aus feinsten Hölzern geschnitzt und ihre Masten oft weit über einen Meter hoch. Viele wurden mit Motoren ausgestattet, um Fock und Großsegel zu steuern.

Die Mitglieder betreiben ihr Hobby mit heiligem Ernst; es hat Regatten gegeben, deren Verlierer den Sieger erbost in die Fluten schubsten. Bei einer Wassertiefe von einem Meter. Zum Glück müssen Sie hier nicht Mitglied sein, um auf dem See Segel zu setzen. Er steht allen offen.

Adresse Spreckels Drive an 36th Avenue, San Francisco, CA, 94121, www.golden-gate-park.com/spreckels-lake.html | **ÖPNV** Bus 5, Haltestelle Fulton St & 37th Ave | **Tipp** Ein Gratis-Tai-Chi-Kurs am See wird jeden Samstag und Sonntag zwischen 8.30 und 10 Uhr angeboten. Jeder Kenntnisstand willkommen.

99__Die Slovenian Hall
Jenseits der Überholspur

Ständig erfindet sich San Francisco neu. Ob nun Gold, Gastronomie oder Technologie rauschen: Stets reckt sich Fog City nach der nächsten Zukunft. Zwischen all der Hektik, die junge Programmierer, Projektmanager, Computer-Gurus und Internet-Start-ups verbreiten, stoßen Sie jedoch nach wie vor auf Überkommenes, das sich der Überholspur verweigert.

So etwa auf die Slovenian Hall, die seit Ewigkeiten hier steht wie ein stolzer alter Mann, der seine Position nicht räumen mag und uns daran erinnert, dass alt nicht tot bedeutet.

An der Kreuzung von Mariposa und Vermont Street auf Potrero Hill gelegen, repräsentiert die Hall eines der kleinsten, obskursten Länder Europas zwischen den Julischen Alpen und dem Adriatischen Meer.

Das weiße Gebäude blickt auf Downtown, Design District im Vordergrund. Einst war das Leben hier, wo slowenische Einwanderer nach dem Erdbeben von 1906 siedelten, mühselig; sie waren nach San Francisco gekommen, um in den Gießereien und Werften von Pier 70 zu arbeiten, bauten Häuser auf Potrero Hill und nannten ihre Gemeinde »Kranjski Hrib«. Nach dem Ersten Weltkrieg verwandelten sie ein leer stehendes Umspannwerk in den »Slovenski Dom«, wo die Alten Geschichten aus der Heimat erzählten und Familien zusammenkamen, um das Polka Jets Orchestra mit seinen Akkordeons zu hören und sich an slowenischen Leibspeisen zu laben.

Heute ist das Haus oft ausgebucht; hier finden bescheidene Hochzeitsempfänge statt, kleine Firmen feiern Jubiläen. Jenseits der schweren Eisentür liegt eine nicht minder massive Bar, hinter der nostalgische Malereien das weinselige Heimatland beschwören. Weiter oben hält eine Bibliothek eine Sammlung slowenischer Bücher bereit. Eine Küche sorgt fürs Catering, und ein geräumiger Saal mit Bühne wartet auf eifrige Performer. Sporadisch treffen Sie hier auf Polkatänzer, deren Ziehharmonika daran erinnert, dass die Zeit manchmal auch stillsteht.

Adresse 2101 Mariposa Street, San Francisco, CA, 94107, www.slovenianhall.com, Tel. +1 415.864.9629 | **ÖPNV** Bus 19, Haltestelle De Haro St & Mariposa St | **Tipp** 18th Street entlang Potrero Hill verströmt ein eigenwillig gestriges Flair, nette Cafés und Restaurants inklusive.

100__Die Sonnenuhr

Wie Speichen eines Rades

Im Südwesten, wo sich einst ein endloser Ozean von Sanddünen zum Pazifik hinunter erstreckte, hat die Gegend wenig mit der viktorianischen Pracht gemein, für die San Francisco berühmt ist. Reihenhäuser mit Gipsverputz und DIY- Bungalows säumen die windgepeitschten Straßen der Vororte.

Doch selbst »hier draußen« hat sich ein Funke vergangener Grandeur in die Gegenwart gerettet – in einem vergessenen Park mit gigantischer Sonnenuhr.

Nach dem Erdbeben 1906, während der Westerweiterung der Stadt, wurde Ingleside Terrace rund um Pferderennbahnen angelegt. 1900 fand hier sogar das erste Automobilrennen Kaliforniens statt.

Die Piste wurde später zum Urbano Drive; 1912 waren gar 750 Häuser entlang der Raser-Straße geplant. Der Park mit der Sonnenuhr sollte die zentrale Attraktion der Siedlung bilden. Um Familien herzulocken, wurde gar ein Tunnel durch die Twin Peaks gesprengt, damit man leichter nach Downtown kam; eine Straßenbahnlinie tat zusätzlich das Ihre. Während der Eröffnung 1913 wurde das Freilicht-Chronometer zwei bedeutenden Bauprojekten der Zeit gewidmet: dem Twin Peaks Tunnel und dem Panama Canal.

Biegt man vom Urbano Drive ab, führt ein Sträßchen namens Entrada Court wie die Speiche eines Rades zur zirkulär angelegten Grünanlage, wo sich die Neun-Meter-Uhr elegant vom Grund emporhebt. Das Ziffernblatt ähnelt einer Rutsche; Generationen von Kindern haben entsprechend Gebrauch davon gemacht. An einem klaren Tag zeigen Schatten über den römischen Ziffern die Stunden an. Obwohl das Zierwerk an den »griechischen Urnen«, das die vier Lebensalter des Menschen, die vier Jahreszeiten und die vier Tageszeiten darstellt, heute dem Verfall überlassen ist, wohnt hier noch immer eine familienfreundliche Community. Beim jährlichen »Sundial Park Picnic« im Frühherbst wetteifern die Kids darum, im Radrennen Schnellster zu sein.

Adresse Entrada Court, Ingleside Terrace, San Francisco, CA, 94132 | **ÖPNV** Stadtbahn (K-Ingleside), Haltestelle Ocean Ave & Westgate Dr | **Tipp** Eine Umrundung des Urbano Drive versetzt Sie in jene Ära zurück, in der hier die ersten Rennwagen ins Ziel klapperten.

101__Stow Lake

Der Geist der White Lady

Auch San Francisco hat seine urbanen Legenden. Um einen während der Ära des Goldrauschs angelegten Friedhof unterhalb des »Palace of the Legion of Honor« etwa entstand das Gerücht, faule Totengräber hätten die 11.000 Verblichenen einfach im Boden belassen und nur die Grabsteine umgebettet. Die Seelen hätten den Ort nie verlassen.

Zuweilen wird auf Nob Hill auch der Geist der 18-jährigen Flora Sommerton gesichtet. 1876 arrangierten die Eltern des Mädchens die Heirat mit einem älteren Mann, was Flora zur Flucht nach Butte, Montana, trieb. Dort wurde ihre Leiche Jahre später in einem Bordell gefunden; noch immer trug sie das Ballkleid, in dem sie entschwunden war. Zum Zeitpunkt ihres Todes schien sie in furchtbarer Armut gelebt zu haben. Sollte sie Ihnen über den Weg laufen: Sie will noch immer nach Hause, versuchen Sie nicht, sie aufzuhalten.

Die herzzerreißendste Legende ist jene der White Lady von Stow Lake; sie soll sich just dort zugetragen haben, wo Pärchen und Familien in Ruderbooten auf den See hinausfahren, mitten in Golden Gate Park, westlich vom Japanese Tea Garden. Vor über 100 Jahren soll sich hier eine junge Mutter mit Kinderwagen neben dem See auf einer Parkbank niedergelassen haben. Während sie sich in ein Gespräch mit einem Fremden vertiefte, bemerkte sie nicht, dass der Kinderwagen langsam ins Wasser zu rollen begann. Erst später fiel ihr auf, dass ihr Baby verschwunden war, und sie begann schreiend durch den Park zu laufen: »Haben Sie mein Kind gesehen?« Tag und Nacht suchte sie das Gelände ab, bis ihr schließlich der See einfiel. Zuletzt wurde sie gesehen, während sie nahe der Bank ins Wasser watete. Noch immer wird die verwaiste Mutter gelegentlich dabei gesichtet, wie sie in der Dämmerung den Fluten entsteigt, mit tropfnassem Haar und irrem Blick: »Haben Sie mein Kind gesehen?« Sagen Sie Ja, wird sie sich an Ihre Fersen heften; sagen Sie Nein, bringt sie Sie um.

Adresse 50 Stow Lake Drive, San Francisco, CA, 94118, www.stowlakeboathouse.com |
ÖPNV Bus 28, 29, Haltestelle19th Ave & Lincoln Way | **Tipp** Strawberry Hill ist eine
natürlich entstandene Insel mitten in Stow Lake. Von dort haben Sie einen tollen Blick auf
den umliegenden Park, Golden Gate Bridge und Mount Tamalpais. Betreten Sie die Insel
über eine der beiden Brücken und genießen Sie die kleine Wanderung durch üppiges
Grün, vorbei an einem künstlichen Wasserfall.

102_ Der Sutro Heights Park

Verblüffte sogar Oscar Wilde

Nichts Geringeres als die Vision Adolph Sutros von einem Paradies auf Erden war dieser untergegangene Ort. Von seinen Latifundien aus blickte man auf das Meer, die Bäder, eine Konzerthalle, ein Museum, eine Eislaufbahn und Cliff House. Heute: Ruinen.

Ende des 19. Jahrhunderts jedoch fanden sich Besucher, die aus dem fernen Downtown anreisten, in einem wahr gewordenen Märchentraum wieder. Mehr als eine Million Dollar ließ Sutro sich den Italienischen Garten auf dem 9 Hektar großen Anwesen kosten und schmückte ihn mit 200 Repliken griechischer Statuen und Urnen, die er zwischen exotischen Gewächsen aufstellte. Alles war der Öffentlichkeit zugänglich.

Sutro, von 1894 bis 1896 Bürgermeister der Stadt, empfing in seinem irdischen Eden Präsidenten, Schriftsteller, Künstler und die Stars seiner Zeit – von Andrew Carnegie bis Oscar Wilde. Beinahe kann man sich noch vorstellen, wie Wilde 1882 in San Francisco ankam, um seinen berühmten Vortrag »The House Beautiful« zu halten, wie er später durch Sutros Gärten flanierte und sich – vielleicht – der Phantasie hingab, London zu verlassen und in den Westen zu ziehen, »wo ein Mann heute ein Mann sein kann und gestern nicht mehr zählt«. Seine fünf Jahre hier jedenfalls hinterließen einen tiefen Eindruck; in »Das Bildnis des Dorian Gray« notiert Lord Henry: »Es ist seltsam: Jeder, der verschwindet, soll in San Francisco gesehen worden sein.«

Nach Sutros Tod 1898 verfiel das Werk der Phantastik zusehends und wurde schließlich abgerissen, nachdem die Familie es 1938 der Stadt gestiftet hatte, um daraus eine öffentliche Erholungsanlage zu machen. Die einzige Erinnerung an Sutros Shangri-La sind zwei Nachbildungen jener geflügelten Löwen aus Stein, die einst das Tor bewachten.

Für heutige Besucher bleibt ein idealer Ort für ein ganz unglamouröses Picknick zwischen ein paar Statuen, dem Pavillon und einem schönen Blick auf die Farallon Islands in der Ferne.

Adresse 48th Avenue & Point Lobos Avenue, San Francisco, CA, 94121 | **ÖPNV** Bus 38, Haltestelle 43rd Ave & Point Lobos Ave | **Tipp** Übernachten lässt sich gut im Seal Rock Inn (545 Point Lobos Avenue), wo Hunter S. Thompson in den frühen Siebzigern wohnte.

103_ Swedenborgs Kirche
Engel unter Erdbeerbäumen

Emanuel Swedenborg war ein Rationalist des 18. Jahrhunderts, der gleichwohl nichts dabei fand, an Engel zu glauben. Mit 53 Jahren widerfuhr ihm eine Reihe von spirituellen Begegnungen, die sich in seinem berühmten Werk »Himmel und Hölle« niederschlugen. Dort beschrieb er Engel wie folgt: »Sie haben Gesichter, Augen, Arme, Hände und Füße. Sie sehen sich gegenseitig und sprechen miteinander. Kurz: Ihnen gebricht es an nichts Menschlichem – wenn man davon absieht, dass sie nicht in einen materiellen Körper gekleidet sind.«

Swedenborg war gleichermaßen Wissenschaftler wie Medium und christlicher Mystiker; er beeinflusste Größen wie Ralph Waldo Emerson, William Blake, Carl Jung oder Helen Keller. Zwar wollte Swedenborg selbst keine Kirche gründen, nach seinem Tod 1772 jedoch verbreiteten sich seinem Werk zugetane Lesezirkel in den USA. So kam es im 19. Jahrhundert zu Kirchengründungen.

1895 wurde von Bernard Maybeck auch im Herzen von Pacific Heights ein swedenborgianisches Gotteshaus errichtet. Amerikas großer Dichter Robert Frost ging hier als Jugendlicher zum Sonntagsgottesdienst: »Ich kenne San Francisco wie meine Westentasche«, sagte Frost später. »Ich komme von hier, es war der erste Ort, den ich wirklich kannte. Man weiß immer, woher man kommt, nicht wahr?«

Das von einer hohen Mauer umgebene Haus schmückt sich mit einem idyllischen Garten, in dem verschiedene Symbolbäume stehen – ein Mammutbaum, ein Fächerahorn, ein Olivenbaum, eine Libanon-Zeder, eine irische Eibe. Optisch erinnert der Komplex eher an einen Meditationsgarten oder ein städtisches Kloster als an eine Kirche.

Der Sakralbau gilt als eines der ersten Beispiele für die Arts-and-Crafts-Bewegung in San Francisco. William Keith und Naturalist John Muir hinterließen mehrere Wandbilder; das Dach besteht aus elysisch anmutendem Erdbeerbaumholz aus den Bergen von Santa Cruz. Das Tor steht normalerweise offen, um den Garten zu besichtigen.

Adresse 2107 Lyon Street, San Francisco, CA, 94115, www.sfswedenborgian.org, Tel. +1 415.346.6466 | **ÖPNV** Bus 1, Haltestelle California St & Baker St | **Öffnungs-zeiten** täglich 9–17 Uhr; »sun service« (Sonnen-Gottesdienst) um 11 Uhr | **Tipp** Das nahe gelegene historische Clay Theater (2261 Fillmore Street) ist eines der ältesten Single-Screen-Kinos aus der Art-déco-Epoche San Franciscos. Gezeigt werden bevorzugt ausländische und Arthouse-Filme. Natürlich läuft hier auch jeden Monat zur mitternächtlichen Stunde »The Rocky Horror Picture Show«.

104__Der Tin How Tempel

Know how to Tao

Grant Avenue geleitet den großen Touristenstrom durch das mythenumwobene Chinatown, doch Schichten asiatischer Kultur lassen sich auch andernorts ausgraben, oft in Sträßchen und Gässlein.

Als die chinesischen Einwanderer sich erstmals zu »Gold Mountain« aufmachten – ihre Bezeichnung für Kalifornien zur Zeit des Goldrauschs –, lag ihnen daran, jener Gottheit zu danken, die sie sicher über den Pazifik gelotst hatte. Der Tempel, den sie 1852 zu Ehren der Göttin »Tin How« (auch »Mazu« genannt) errichteten, steht noch heute am Originalstandort und ist der älteste taoistische Tempel Amerikas. Tin How wurde im küstennahen China des 9. Jahrhunderts zur Legende; als Schwimmerin und Seglerin mit übernatürlich erscheinendem Geschick rettete sie zahlreichen ertrinkenden Seefahrern das Leben. Als Schutzheilige der Schiffer wird sie noch heute verehrt.

Ob diese Kenntnisse nun dabei helfen, die Hunderte von Statuen und Bildnisse zu begreifen, die Sie auf der obersten der drei Treppenfluchten der extrem steilen, knarzigen Tempelstiegen erwarten, bleibt Ihnen überlassen. Wundern Sie sich nicht darüber, dass die Tür zu diesem schmalen Gebäude unbeschriftet und unbeschildert ist, oder darüber, dass die konstant übellaunige Person, die im Schrein Dienst schiebt oder auch nicht, mit Sicherheit kein Englisch spricht.

Dies ist ein öffentlicher Gebetsraum, solange Sie sich still und mit gebotenem Respekt verhalten, wird man Sie dulden. Fotografieren allerdings ist streng untersagt.

Das mit kunstvollen Schnitzereien versehene, in Rot und Gold gehaltene Heiligtum beleuchten Laternen und Kerzen; zu atmen gibt es Schwaden von Weihrauch. Rote Papierbanner hängen wie Stalaktiten von der Decke; auf ihnen stehen die Namen der Segensbedürftigen. Spenden Sie einer Göttin Ihrer Wahl und gönnen Sie sich den Blick von der vorderen Feuertreppe auf Waverly Place: Vor Ihren Augen ersteht das China des 19. Jahrhunderts.

Adresse 125 Waverly Plaza, San Francisco, CA, 94108 | **ÖPNV** Bus 1, Haltestelle Clay St & Stockton St | **Öffnungszeiten** täglich 10–16 Uhr | **Tipp** Der Tin How Tempel hat auch einen Straßeneingang, den man leicht übersieht. Auf dem Weg dorthin kommen Sie an vielen traditionellen Frischmärkten vorbei, die Stockton Street säumen.

105__Das Tosca Café

Dank Sean Penn noch immer cool

Einer von San Franciscos größten Klatschkolumnisten war Herb Caen; zu seinen Stammlokalen zählte das Tosca, eine düstere Bar in der Columbus Avenue. »Gestern um Mitternacht hielt Rudi Nurejew, der Großmeister des Balletts, in einem Separee des Tosca Café Hof; Essbares serviert man hier bekanntlich nicht. Als Nurejew einen Hamburger verlangte, das Haus zu diesem Zweck jedoch nicht verlassen mochte, lieh sich Inhaberin Jeannette Etheredge Willy Bishop von Capp's Corner aus, der in der Kochnische des Tosca einen Schwung Buletten-Brötchen fabrizierte«, schrieb Caen im März 1987.

Das Tosca öffnete 1919 und bewahrte sich über Jahre seinen Ruf als Lieblingsspelunke der Beatniks und Literaten. In den Achtzigern gaben sich hier die Stars die Klinke in die Hand; die Promi-Schänke büßte jedoch ihre Beliebtheit im Viertel nie ein. Bekannt war sie für ihre Opern-Jukebox, ihre abgewetzten roten Ledersitze, ihre Espressomaschine von 1920, ihr berühmtes Hinterzimmer für Poolbillard und Polizeirelevantes und den unwiderstehlichen Charme der Hausherrin Ms. Etheredge. Ihr Freundeskreis umfasste neben anderen Johnny Depp, Hunter S. Thompson, Sam Shepard und Mikhail Baryshnikov. Auch Bono ließ sich hier inspirieren, in den frühen 1990ern in Dublin sein eigenes, kurzlebiges Tosca zu eröffnen.

2013 schuldete Ms. Etheredge ihrem Vermieter 100.000 Dollar Mietrückstand; es wurde gar mit Rausschmiss gedroht. Sean Penn, ebenfalls langjähriger Gast, arrangierte einen Deal: Zwei New Yorker Restaurateure, April Bloomfield und Ken Friedman, kauften die Kneipe einfach. Heute hat das Tosca endlich eine Küche und wird von »Bon Apetit« gar als eines der zehn besten Newcomer-Restaurants der USA gelistet.

Die Wandbilder über der Bar entführen Sie noch immer zu den Ruinen des alten Rom und der Engelsburg. Die lässige orangefarbene Patina der Decke hingegen erzählt Ihnen von rauchgeschwängerten Tagen und Nächten.

Adresse 242 Columbus Avenue, San Francisco, CA, 94133, www.toscacafesf.com, Tel. +1 415.986.9651 | **ÖPNV** Bus 10, 12, Haltestelle Pacific Ave & Kearny St; Bus 41, Haltestelle Columbus Ave & Broadway | **Öffnungszeiten** Mo–So 17–2 Uhr | **Tipp** Probieren Sie den »Hauscappuccino«, einen Cocktail auf Bourbon-Basis mit Schokolade und Milch.

106 Der Transamerica Redwood Park

Das Geheimnis der Pyramide

Seit ihrer Erbauung 1972 zählt die Transamerica Pyramid zu den markantesten Erscheinungen der City Skyline und ist mit 260 Metern auch die höchste. Ihre 47 Stockwerke verfügen über 18 Aufzüge; ummantelt ist das Innenleben von zerstoßenem Quarz, der für die helle Farbe sorgt.

Entworfen wurde der Bau von William Leonard Pereira (1909 bis 1985), einem umtriebigen Architekten aus Los Angeles, der von Science-Fiction und futuristischem Design fasziniert war. Das Gebäude ist Eigentum von Aegon N.V., einer niederländischen Firma.

Nicht nur für Form und Höhe jedoch ist der steile Turm berühmt, sondern auch für den Hain aus Mammutbäumen zu seinen Füßen.

Die Koniferen hatte man aus den Wäldern um Santa Cruz hierherverpflanzt; jedes Jahr legen sie an Höhe zu. Manche Wipfel ragen über 100 Meter hoch in den Himmel. Hier lässt sich in Waldatmosphäre der Lunch einnehmen, während man mit den Augen Baum- und Gebäudespitzen folgt, wie sie sich im Unendlichen verlieren. Bänke, eine Plaza, Blumen und ein Brunnen voller Froschskulpturen – eine Verneigung vor Mark Twains Erzählung »Der berühmte Springfrosch von Calaveras« – laden zum Verweilen ein.

Twain hat tatsächlich einmal in der Nähe gearbeitet. Es ist etwas Urtümliches, ja Urzeitliches um diese kleine Enklave, der perfekte Kontrast zum Monolithen aus Glas und Stahl neben ihr.

Der Park gehört zu den über 50 öffentlichen Anlagen in Downtown, die in Privatbesitz sind (POPOS). Diese umfassen Wolkenkratzer mit Dachterrassen (wie jene in 343 Sansome Street), überdachte Atrien, Wege und Skulpturengärten – alle stehen sie Ihnen offen. Diese Naherholungsräume waren Teil des »1985 Downtown Plans«; je dichter das Viertel bebaut wird, desto mehr wächst ihre Bedeutung. Ebenso gehören sie zu den bestgehüteten Geheimnissen der Stadt.

Adresse 600 Montgomery Street, San Francisco, CA, 94111 | **ÖPNV** Bus 10, 12, Haltestelle Pacific Ave & Montgomery St; Bus 41, Haltestelle Clay St & Montgomery St | **Öffnungszeiten** Mo–Fr 7–17 Uhr | **Tipp** Im Schatten der Transamerica Pyramid steht das denkmalgeschützte Sentinel Building (916 Kearny Street) mit seinem majestätischen kupfergrünen Exterieur. Eigentümer ist Francis Ford Coppola, der auch das Café Zoetrope im Erdgeschoss betreibt – ein hübsches Plätzchen für ein gepflegtes Glas Wein.

107 __ Die Universitätsgärten
Herzforschung

Zu den jüngsten Hätschelkindern der Stadtplaner zählt Mission Bay District, ein 120 Hektar großes Areal südlich des AT&T Parks. Ursprünglich ein Paradies für Fischadler und Reiher, wurde hier nach dem Gold Rush Gelände aufgefüllt; es entstanden Werften und Leichtindustrie. Ende des 20. Jahrhunderts blieb ein verlassenes Stück Land zurück.

1998 jedoch holte die Stadt ihr Stiefkind aus der Besenkammer und staubte es gründlich ab. In null Komma nichts entstanden hier Luxuswohnungen, Bioscience-Start-ups und Risikokapitalgesellschaften. Die Renaissance geht auf die University of California at San Francisco (UCSF) zurück, seit 100 Jahren als herausragende Klinik bekannt, aber auch Pionierin auf dem Gebiet der Zusammenführung von Grundlagenforschung und Praxis. Die 2015 eröffneten Einrichtungen umfassen ein medizinisches Zentrum, Spezialkliniken für Pädiatrie, Gynäkologie, Onkologie, einen Hubschrauberlandeplatz und eine Armee von Robotern, die mit Medikamenten und Essen auf dem Tablett durch die Gänge wirbeln.

Der Campus beherbergt aber auch eine der erlesensten Kunstsammlungen ihrer Art. Sie war der Traum von Dr. J. Michael Bishop, der 1989 seinen Nobelpreis für seine Arbeit zu retroviralen Onkogenen mit seinem Forscherkollegen teilte und noch immer zum Stab des UCSF gehört. Zur Sammlung zählen etwa Werke von Richard Serra, Liz Larner und Paul Kos. Highlights bilden eine Konstruktion aus rostfreiem Stahl in der Form des Wortes HEAL von Miroslaw Balka oder Stephan Balkenhols Skulptur aus vier Figuren, die aus einem einzigen Baum geschnitzt wurde. Um sich die Kunst anzusehen, setzen Sie sich am besten auf eine der Bänke im Hof des Instituts für kardiovaskuläre Forschung, den Andrea Cochran gestaltete und mit einheimischen Gräsern bepflanzte, die im Wind wogen wie das Wasser in der nahen Bucht. Vor dem Gebäude begrüßt Sie eine Palmenallee, die sich in der Glasfassade spiegelt.

Adresse Mission Bay, San Francisco, CA, 94158, www.chancellor.ucsf.edu/MBA | **ÖPNV** Stadtbahn (Light rail), Haltestelle 3rd St & Gene Friend Way (T-Third) | **Tipp** »Mission Rock« in 817 Terry Francois Boulevard bietet eine großzügige Terrasse mit tollem Blick über die Bay. Wochentags Happy Hour von 15–19 Uhr.

108__Die Van Ness Auto Row
Als Karossen King waren

Die Van Ness Avenue ist nach James Van Ness benannt, der 1855 zum siebten Bürgermeister der Stadt gewählt wurde. Bekannt wurde er durch seine (leider erfolglosen) Bemühungen, die berüchtigte Bürgerwehr »Committee of Vigilance« daran zu hindern, zwei angeklagte Mörder zu lynchen.

Die Van Ness Avenue, die sich von Market Street bis zur Bucht erstreckt, bildete während des Erdbebens von 1906 eine entscheidende Feuerschneise; die nächsten 75 Jahre brachte sie als Ballungsgebiet von Autohändlern zu. Zu seinen besten Zeiten war der Komplex 22 Blocks lang und drei Blocks breit; in nahezu 300 Gebäuden prunkten Showrooms, Garagen und Reparaturwerkstätten. In den frühen 1980ern jedoch führten hohe Verkaufsprovisionen, steigende Grundstückspreise und ein Zustrom japanischer Marken zum Niedergang der berühmten »Auto Row«.

Bauten aus den 1910ern und 1920ern waren mit besonders opulenten Showrooms ausgestattet, keiner jedoch dermaßen spektakulär wie Don Lee's Cadillac in 1000 Van Ness Avenue, heute ein Multiplexkino. In der Lobby begegnen Ihnen die verschwenderischen Marmorböden, Kristalllüster und die Freitreppe von einst. Entworfen wurden sie, um Kraft und Grandeur der revolutionären neuen Methode der Personenbeförderung zu symbolisieren, deren Technik und Design als Inbegriff von Freiheit und Status galten, zumal in Kalifornien.

Ähnlich in seinem Ballsaal-Ambiente war Bernard Maybecks Packard-Showroom in 901 Van Ness Avenue. Heute ist hier British Motor Car ansässig; die dramatischen hohen Marmorsäulen und andere architektonische Details sind erhalten. Den Block weiter hinunter bei Nr. 999 finden Sie beim ehemaligen Chevrolet-Händler eines der schönsten Relikte aus glorreichen Tagen: Art-déco-Elemente, ein Exterieur der Streamline-Moderne mit gerundeten Ecken und Vordach sowie eleganter schwarz-gelber Uhr über den Glasfenstern des Schauraums waren für Kunden gedacht, die sich wie Könige fühlten.

Adresse 1000 Van Ness Avenue, 901 Van Ness Avenue & 999 Van Ness Avenue, San Francisco, CA, 94109 | **ÖPNV** Bus 47, 49, Haltestelle Van Ness Ave & O'Farrell St | **Tipp** Lernen Sie alles übers Pizzabacken und die hohe Kunst des Pastamachens in der SF Cooking School; sie liegt in einem der restaurierten Autohändlergebäude in 690 Van Ness Avenue.

109 __Die Vermont Street
Der Thrill der S-Kurve

Vielleicht ist die Vermont Street die unberühmteste berühmte Straße San Franciscos. Sie verläuft von SOMA aus nach Süden, entlang den Hängen von Protrero Hill, an einer Erhebung namens McKinley Square vorbei, beschreibt sodann sieben Serpentinen-Kurven – ein Paradies für Bretterfans, wenn auch auf rauem Zement –, lässt Highway 101 vermittels einer kleinen Fußgängerbrücke hinter sich und endet in Mission District bei Cesar Chavez Street.

Ihr »claim to fame«? Erstens ist sie die krummste Straße der Stadt; die Haarnadelkurven fallen noch enger aus als jene der Lombard Street, ihrer bekannteren Verwandten. Zweitens war sie Co-Star in diversen Filmen, darunter »Dirty Harry II« von 1973 mit Clint Eastwood und »Bullitt« von 1968 mit Steve McQueen. In letzterem Streifen, einem B-Movie-Klassiker und San-Francisco-Kultfilm, spielt McQueen einen zynischen einsamen Wolf von einem Cop namens Frank Bullitt, der einer Femme fatale (Jacqueline Bisset) verfällt. Sagt sie doch glatt: »Du lebst in einer Kloake, Frank, Tag für Tag. Für dich ist Gewalt ein Lebensstil.«

Woraufhin McQueen in seinem 1968er Ford Mustang schon wieder über alle Berge ist – mit quietschenden und qualmenden Reifen – und einer anderen Protzkarosse seiner Zeit nachjagt – einem Dodge Charger mit bösen Buben darin.

Die Verfolgungsjagd wurde in mehreren Stadtteilen gedreht, auf Protrero Hill, aber auch in der Vermont Street zwischen 20th and 22nd Street, wo die klassischen Gesetze eines Straßenrennens gar nicht greifen. Es bleibt keine Zeit, auf einen Punkt in einer Kurve zu zielen, auf dass die Fliehkräfte Sie an die richtige Stelle katapultieren. Im richtigen Leben besteht der Trick bei der Abfahrt eher darin, sich bei immer wieder gezogener Bremse den Hang hinunterzuarbeiten wie ein Skifahrer mit seinem Stock. Ernüchternd, aber wozu gibt es Leinwände? Ach ja: Auch die Sonnenuntergänge im Park am McKinley Square sind ganz großes Kino.

Adresse Vermont Street zwischen 20th Street & 22nd Street, San Francisco, CA, 94107 | **ÖPNV** Bus 10, Haltestelle 23rd St & Vermont St | **Tipp** Für einen morgendlichen Milch-kaffee oder ein leckeres Sandwich lohnt sich ein Boxenstopp beim Lebensmittelgeschäft Chiotras in 858 Rhode Island Street.

110__Die Wellenorgel

Horchposten im Meer

Um zum »Wave Organ« am Ende einer kleinen Halbinsel in Marina District zu gelangen, lassen Sie den Wald von Segelmasten entlang der Yacht Road und dem St. Francis Yacht Club von 1927 hinter sich. Seine Mitglieder haben übrigens noch jede Segelregatta der Welt gewonnen – bis auf den America's Cup, den der etwas jüngere Golden Gate Yacht Club nebenan 2013 mit nach Hause nahm. Er ist auch in jeder Hinsicht moderner als St. Francis, hauptsächlich wegen Oracle-CEO Larry Ellison, dessen Team den Golden Gate Club sponsert. Ellison soll mehr als 300 Millionen Dollar investiert haben, um eines der erstaunlichsten – und umstrittensten – Comebacks der Sportgeschichte hinlegen zu lassen.

An der Spitze des Landungsstegs erreichen Sie einen magischen Ort, der den Ruinen eines römischen Tempels ähnelt: eine »Soundskulptur« von Peter Richards und Steinmetz George Gonzales, die 1986 mit Unterstützung des Exploratoriums installiert wurde.

Für dieses schräge kleine Kunstprojekt, das an die Orgeln im kroatischen Zadar oder im englischen Blackpool erinnert, sind Steine des aufgelösten Friedhofs Laurel Hill Cemetery und mehr als zwanzig große Plastikrohre verbaut worden, die wie Sehrohre hinter grauen Granitwänden hervorlugen. Halten Sie ein Ohr an die Rohre und Sie erhaschen die rhythmischen Klänge, die Ebbe und Flut erzeugen. Der ungewöhnliche Tonumfang rangiert von einem hellen bis zu einem sehr dunklen Gurgeln, das der Ozean spielt, während er unaufhörlich gegen den Stein schwappt. Die Röhren fangen das Echo ein. Diese Erfahrung lässt sich in der »Stereokammer« vervielfachen, in der Sie auf drei Seiten von Röhren umgeben sind. Während der Flut kommt der Sound am besten.

Auch die terrassenförmigen Sitze eignen sich für ein unvergleichliches Picknick mit Blick auf die Stadt und einige ihrer schönsten Villen, die auf ehemaligen Dünen und Marschland stehen – eingerahmt von der Golden Gate Bridge und Alcatraz.

Adresse 1 Yacht Road, Ende des Stegs, San Francisco, CA, 94123, www.exploratorium.edu/visit/plan_your_visit/wave_organ | **ÖPNV** Bus 28, Haltestelle Buchanan St & Bay St; Bus 43, Haltestelle Chestnut St & Fillmore St | **Tipp** Malerische Lauf- und Wanderpfade sowie Radwege führen von Marina Green zur Basis der Golden Gate Bridge oder über die Brücke nach Sausalito und Marin Headlands.

111__Wood Line
Mut zur Lücke

Einst war Presidio San Franciscos militärische Ur-Festung; 1776 stellte sie den nördlichsten Vorposten des Spanischen Kolonialreichs in Nordamerika. Der Legende nach begaben sich Soldaten von hier aus auf Wanderschaft landeinwärts nach Mission District, um ihre Liebste zu sehen – ein mäandernder Pfad der Sehnsucht namens »Lovers' Lane«.

Neben anderem inspirierte dieser Pfad Umgebungskünstler Andy Goldsworthy zu seiner Skulptur »Wood Line«, einer langen Schlange aus Baumstämmen, die sich auf einer Lichtung durch einen alten Eukalyptushain windet. Die verblüffend fugenlos arrangierten Stämme und Äste stammen von verschiedenen Orten in Presidio, an denen für Bauprojekte gefällt wurde.

Nachdem die U.S. Army Presidio in den 1840ern erobert hatte, startete sie eine intensive Kampagne, um das Gesträuch der Küstenlandschaft mit ihren Klippen und Hängen durch dichten Wald zu ersetzen. Man importierte Eukalyptusbäume und pflanzte sie an, oft gemeinsam mit der heimischen Monterey-Zypresse. Die Eukalyptuswälder gediehen prächtig, während die kalifornische Konifere hier ausstarb, wodurch Schneisen entstanden. In einem solchen verödeten Korridor ist »Wood Line« angelegt. Nach Goldsworthy »zeichnet« sein Werk »diesen Raum nach«.

Wie viele seiner Arbeiten spiegelt es die Geschichte des Waldes von Presidio, das konstante Wechselspiel zwischen Mensch und Natur am Westsaum des Kontinents. »Wood Line« wurde 2011 installiert, ist jedoch bereits im Wandel begriffen: Mutter Natur versieht die Stämme mit Rissen; sie verwittern zu neuen Mustern und Texturen.

Ein schöner Nebeneffekt der Installation sind die vielen Spontan-Projekte des Künstlers, die am Rand der Schlangen-Schneise entstehen, viele Mini-Woodlines etwa oder abstrakte Anordnungen von Eukalyptusblättern. Ja, die ganze Gegend hat sich in ein Outdoor-Studio verwandelt, in dem künstlerndes Volk aller Art Stöcke und Steine kreativ arrangiert.

Adresse 15 Lovers Lane, The Presidio, San Francisco, CA, 94129 | **ÖPNV** Bus 28L, 43, Haltestelle Letterman Dr & Lincoln Blvd | **Tipp** Besuchen Sie Presidio Officers' Club (50 Moraga Avenue), eines der ältesten Gebäude San Franciscos, in dem ein kleines Museum, die Presidio Heritage Gallery im umgebauten alten Ballsaal, und das mexikanische Restaurant Arguello untergebracht sind.

3

37

Alcatraz
Island

Treasure
Island

15

20

79

Yerba
Buena
Island

4

55

Columbus Avenue

San Francisco – Oakland Bay Bridge

Lombard Street

Van Ness Avenue

14

Market Street

57

James Lick Freeway

46

Filmore Street

Fell St.
Oak St.

Market Street

53

3rd Street

90

22

South Van Ness Avenue

70

Cesar Chavez Street

31

3rd Street

82

N

0   500 m

Rüdiger Liedtke
**111 Orte auf Mallorca, die
man gesehen haben muss**
ISBN 978-3-89705-975-7

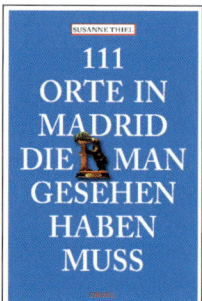

Susanne Thiel
**111 Orte in Madrid, die
man gesehen haben muss**
ISBN 978-3-95451-118-1

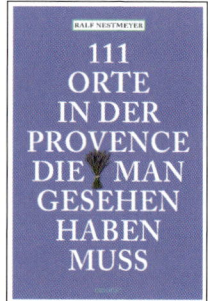

Ralf Nestmeyer
**111 Orte in der Provence, die
man gesehen haben muss**
ISBN 978-3-95451-094-8

Peter Eickhoff
**111 Orte in Wien, die
man gesehen haben muss**
ISBN 978-3-89705-969-6

Stefan Spath
**111 Orte in Salzburg, die
man gesehen haben muss**
ISBN 978-3-95451-114-3

Jo-Anne Elikann
**111 Orte in New York, die
man gesehen haben muss**
ISBN 978-3-95451-512-7

Dirk Engelhardt
**111 Orte in Barcelona, die
man gesehen haben muss**
ISBN 978-3-95451-066-5

John Sykes
**111 Orte in London, die
man gesehen haben muss**
ISBN 978-3-95451-117-4

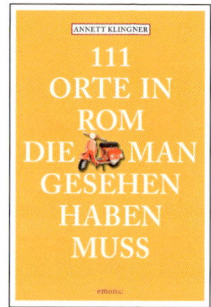

Annett Klingner
**111 Orte in Rom, die
man gesehen haben muss**
ISBN 978-3-95451-219-5

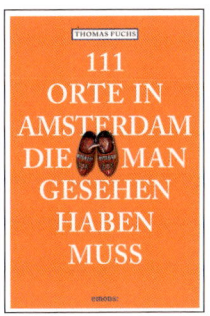

Thomas Fuchs
111 Orte in Amsterdam, die man gesehen haben muss
ISBN 978-3-95451-209-6

Stefan Spath, Gerald Polzer
111 Orte im Salzkammergut, die man gesehen haben muss
ISBN 978-3-95451-231-7

Christiane Bröcker,
Babette Schröder
111 Orte in Stockholm, die man gesehen haben muss
ISBN 978-3-95451-203-4

Sabine Gruber, Peter Eickhoff
111 Orte in Südtirol, die man gesehen haben muss
ISBN 978-3-95451-318-5

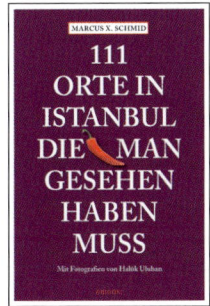

Marcus X. Schmid
111 Orte in Istanbul, die man gesehen haben muss
ISBN 978-3-95451-333-8

Gerd Wolfgang Sievers
111 Orte in Venedig, die man gesehen haben muss
ISBN 978-3-95451-352-9

Rüdiger Liedtke,
Laszlo Trankovits
111 Orte in Kapstadt, die man gesehen haben muss
ISBN 978-3-95451-456-4

Eckhard Heck
111 Orte in Maastricht, die man gesehen haben muss
ISBN 978-3-95451-368-0

Petra Sophia Zimmermann
111 Orte am Gardasee und in Verona, die man gesehen haben muss
ISBN 978-3-95451-344-4

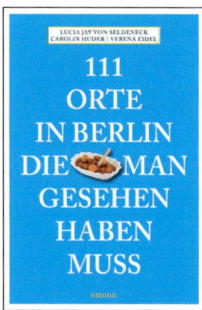

Lucia Jay von Seldeneck,
Carolin Huder, Verena Eidel
**111 Orte in Berlin, die
man gesehen haben muss**
ISBN 978-3-89705-853-8

Bernd Imgrund
**111 Kölner Orte, die man
gesehen haben muss**
Band 1
ISBN 978-3-89705-618-3

Lucia Jay von Seldeneck,
Carolin Huder, Verena Eidel
**111 Orte in Berlin,
die Geschichte erzählen**
ISBN 978-3-95451-039-9

Rike Wolf
**111 Orte in Hamburg, die
man gesehen haben muss**
ISBN 978-3-89705-916-0

Gabriele Kalmbach
**111 Orte in Stuttgart, die
man gesehen haben muss**
ISBN 978-3-95451-004-7

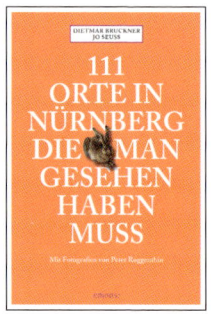

Dietmar Bruckner, Jo Seuß
**111 Orte in Nürnberg, die
man gesehen haben muss**
ISBN 978-3-95451-042-9

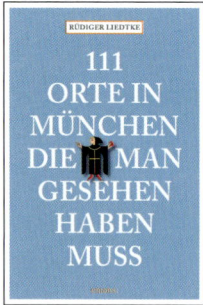

Rüdiger Liedtke
**111 Orte in München, die
man gesehen haben muss**
ISBN 978-3-89705-892-7

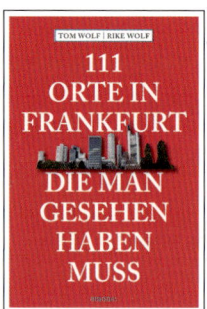

Rike Wolf, Tom Wolf
**111 Orte in Frankfurt, die
man gesehen haben muss**
ISBN 978-3-95451-342-0

Peter Eickhoff
**111 Düsseldorfer Orte, die
man gesehen haben muss**
ISBN 978-3-89705-699-2

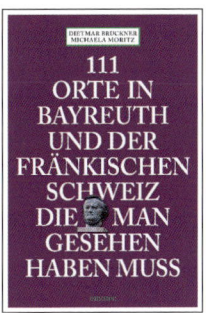

Dietmar Bruckner,
Michaela Moritz
111 Orte in Bayreuth und der Fränkischen Schweiz, die man gesehen haben muss
ISBN 978-3-95451-130-3

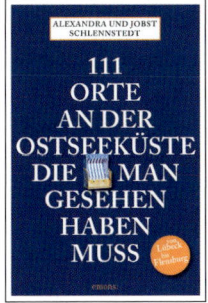

Alexandra und
Jobst Schlennstedt
111 Orte an der Ostseeküste, die man gesehen haben muss
ISBN 978-3-89705-824-8

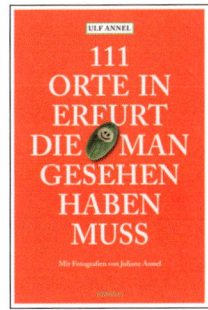

Ulf Annel
111 Orte in Erfurt, die man gesehen haben muss
ISBN 978-3-95451-022-1

Werner Schwanfelder
111 Orte in Mittelfranken, die man gesehen haben muss
ISBN 978-3-95451-336-9

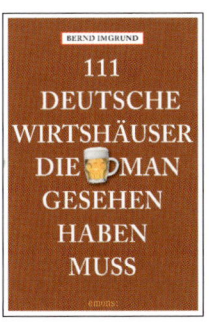

Bernd Imgrund
111 deutsche Wirtshäuser, die man gesehen haben muss
ISBN 978-3-95451-080-1

Cornelia Kuhnert
111 Orte in Hannover, die man gesehen haben muss
ISBN 978-3-95451-086-3

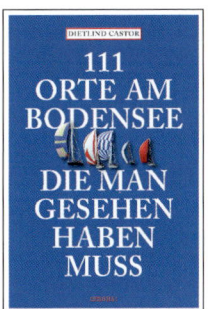

Dietlind Castor
111 Orte am Bodensee, die man gesehen haben muss
ISBN 978-3-95451-063-4

Daniela Bianca Gierok,
Ralf H. Dorweiler
111 Orte im Schwarzwald, die man gesehen haben muss
ISBN 978-3-89705-950-4

Bernd Imgrund
111 Orte in der Eifel, die man gesehen haben muss
ISBN 978-3-95451-003-0

Die Autorin

Floriana Petersen ist Innenarchitektin und Fachfrau für europäische Kunstgeschichte. Sie liebt die Stadt San Francisco, in der sie schon lange lebt und die sie inspiriert durch ihren einzigartigen Stil, die nie endende Fähigkeit, sich neu zu erfinden, durch die zahlreichen Künstler und die ansteckende Lebensfreude.

Der Fotograf

Steve Werney wuchs in der Kleinstadt Clovis in Kalifornien auf und nennt San Francisco seit 1992 seine Heimat. Wenn er beruflich keine Häuser baut, ist er am liebsten mit der Kamera unterwegs.